大数据时代下大学生道德教育探索

陈言　著

天津出版传媒集团
天津人民出版社

前　言

随着计算机、互联网等信息技术的飞速发展和各种各样海量信息数据的采集、汇聚与普遍运用，“大数据”已经成为当今社会环境中被人们随时言及的词语。大数据的出现，不仅给社会和人类带来认知形式、思维方式、工作状态与生活方式等多方面的变革，而且，随着相关技术尤其是与之相联系的物联网技术的发展与云计算技术的普及，一个全新的大数据时代正在到来。大数据时代的形成，在给经济发展带来巨大变化的同时，更重要的是正在改变着人们的思维方式与社会价值评判。

大学生是社会中思想最为活跃，最易接受新鲜事物的一个群体。大数据时代的形成，一方面给大学生的学习教育带来海量的知识，创造更为有利的学习条件，形成更加便捷的生活环境，构建更好发展个性的良好氛围，搭建起更能培养创新精神的有益平台。另一方面，大数据的发展与大数据时代所形成的信息海量性与价值评判的差异性、信息选择的异质性与使用标准的不同性等，也可能给正在接受教育、处于成长发展阶段的大学生们带来知识学习的庞杂性与碎片化、社会认知茫然性与困惑感、价值判断的随意与道德选择的偏失等等。

本书围绕大数据时代下大学生道德教育探索，在内容编排上共设置六章，分别是大学生道德教育、大学生道德教育相关理论、大数据时代大学生道德教育的重要性、大数据时代大学生道德教育的指导思想与教育方法、大数据时代大学生网络道德教育的必要性与对策、大数据时代大学生道德教育的主要路径探索。本书分析大数据时代的内涵、特征及其对大学生道德教育的影响，力求从大数据时代大学生道德教育的指导思想与基本原则、内容与方法、措施与机制等方面提出系统教育的建议。

本书的撰写得到了许多专家学者的帮助和指导，在此表示诚挚的谢意。由于笔者水平有限，加之时间仓促，书中所涉及的内容难免有疏漏与不够严谨之处，希望各位同行、专家、老师多提宝贵意见，以待进一步修改，使之更加完善。

作　者

目　　录

第一章　大学生道德教育概论

大学生思想道德教育过程是教育者引导大学生实现自身思想道德素质提高的过程。本章以大学生道德教育的重要性为切入点，对大学生道德教育过程与内容进行论述。

第一节　大学生道德教育概述

一、马克思发展理论

马克思非常注重对人的本性的探索，人的发展问题与马克思哲学体系紧密相关，马克思关于人的发展的思想具有一定的体系性。马克思对人的全面发展的相关论述，对当今的研究有重大指导意义。

（一）全面发展理论观点

1．人的发展观点解析

马克思十分重视人的发展，并对此做了深入的研究。马克思认为，人的发展是由现实需求和自我提升的态度决定的，并非随意选择的。需求产生动力，动力促进发展。

马克思认为，人类的起始时期因为物资短缺、生产力有限，导致生存成为当时人类面临的最重要问题。此后，伴随着生产力的进步与发展，物资有了剩余，人类才有了精神需要，同时具备物质与精神需求的人，才是得到了真正意义上的全面发展的人。

社会主义追求的目标是“按需分配”，只有当人的精神需求与物质需求获得了平衡发展，才能实现共产主义。大学生思想道德和个人素质的提升，必须以建设社会主义为核心，顺应时代的发展方向，符合历史的演变规律。

2．人的全面发展观点解析

在马克思看来，人的全面发展是所有属性与素质的综合进步，而不是某一项特长的形成，马克思曾经说过，“人以一种全面的方式，就是说，作为一个总体的人，占有自己的全面的本质”。[①]从人类的特点来看，有思想、有意识、有需求的人是一种各种复杂因素结合在一起的综合体，人性和人的需要具有多样性的特点，正是这种多样性使人的活动呈现出多样性，使人对自己的发展具有强烈的全面性的诉求。人要获得适应环境变化发展的能力，人的能力要不断提升。[②]

人的智慧、性格、个体自由、情感等特质，都属于人全面发展的范畴。人必须拥有独立支配自身的能力和意识理念，对于不同的观点要敢于怀疑并进行自主判断。在人的全面发展中，精神自由是个体全面发展的最基本的方面。这一点运用马克思发展理论，可以避免人的个性被泯灭。

生产力能够为人类的天赋和潜能提供物质基础，从而推动社会的发展。旧的分工制度由于会对人类的全面发展形成束缚与限制，因而只有从这种旧的分工体制下解放出来，才能获得人的健康与全面发展。人生来并不完美，只有通过后天学习，才能不断地丰富自身的知识结构。

天赋只有被发掘，才能得以发展，天赋与其他特质共同发展，才能促使人的全面发展。这其中要注意天赋的差异性，不能使差异变成阻止人全面发展的障碍，马克思认为，差异会影响人后天的发展。

因此，发展必须实现对天赋的发展，只有天赋发展充分，人的发展才能充分。

（二）人的全面发展科学内涵

1．劳动能力

马克思认为，劳动是维持生产与生活的手段。人的类特性是有自由意识的活动，是由生命活动决定的。马克思主义强调，类特性往往来源于悟性。劳动是神圣的任务，是实践的基础，所以，劳动能力决定着人自由发展的愿望和高度。

---

① 姜金林．新时期大学生思想道德研究概论[M]．北京：中国水利水电出版社，2014．

② 尚晖．论中国传统文化在大学生德育教育中的作用[J]．教育与职业，2008(18)：94-96．

2．人的需要

马克思认为，人类的需要推动着人类社会的进步。人类的需要是一切行为意识活动的动力，是包含精神、物质、发展和自我实现等多个层次的。人类旧的需要满足之后，新的需要也会随之产生，推动事物的发展，这也证明了人的本质是充实有力的。

3．人的社会关系

人是社会的一员，其自身发展与社会发展相关。社会性是人的本质属性，任何人的能力形成和完善，都离不开社会。所以，马克思提出，社会关系能够决定人的发展程度，人的社会关系在全面化、普遍化的发展中推进。社交圈是人类专属的，人只有在与别人的交往中，才会实现发展，交往程度与视野成正比，获取知识信息的能力越强，进步就越大。

4．个体自由发展

马克思把人的发展分为以下三个阶段：

(1) 依赖阶段：个体的性格特征因为依赖的畸形关系被淹没了。

(2) 独立阶段：人的个性、独立性在这个阶段逐渐展现。

(3) 自由阶段：在社会财富充裕、生产力高度发展的阶段，人们才开始追求自由个性，其自由度与全面发展的程度成正比，人的自由程度代表了人的全面发展程度。

二、思想道德教育相关理论解析

思想道德教育需要广阔的学科视野，应以历史条件为基础实现发展创新。这对于大学生的思想道德建设和科研能力提高，是非常重要的。

（一）教育学理论

1．教学模式理论解析

教育学的发展需要遵循一定的基本规律，在此规律之上确定的教学思想和理论，需要对教学要素进行组合，以实现教学目的。对于教学模式的研究，应重视课堂与社会实践教育，这样才能把握教学关系和教学效果。

(1) 传递—接受。这种教学模式突出教师对学生的单向知识传授，这种模式强调教师要扮演引导者、把关者的角色，适用于高校对于马克思主义理论和思想品德教育活动这种需要引导的课程模式。

(2) 引导—发现。在这种教学模式中，教师的作用是引导，而学生要以发现并解决问题为最终目的。这种教学模式相对灵活，以解决问题为中心，对学生发现和灵活解决问题等能力具有很大的提升作用，学生可以占据主动地位，并调动自身的积极性。

(3) 示范—模仿。教师的角色是示范者，学生需要通过教师的示范和讲解，模仿教师的行为，并从中掌握知识技能，思想道德学科的研究者，应在教学活动中主动引导学生并积极示范，为学生提供正确的模仿行为与参考标准。

2．教学方法理论解析

学生和教师在教学目标之下，共同完成任务，使用的各种手段和方式总称为教学方法，教学方法的种类有如下几种：

(1) 讲授法。教师通过叙述事实、描绘情景、文章原理、解释概念和阐明规律等方式向学生口语传授知识，这是一种传统的也是人类最早开始使用的教学方式，也是最为重要和基础的教学方式之一，大学的思想教育研究者也要重视口头传授的能力和技巧，保证教学的良好效果。

(2) 参观法。教师根据教学任务和目标，组织学生到校外指定场所进行实地研究和观察，通过在社会和自然中进行学习和研究的方式，弥补课堂的不足，也能够打破传统的空间束缚，通过实践激发学生的兴趣，在思想品德的教育中，可以组织学生参观典型的教育场所、改革开放的成果、正面与反面的典型案例等教育方式提升教学效果。

(3) 讨论法。通过小组讨论的方式，由教师组织和指导，对某一个问题进行互相发言和讨论，在互动过程中，增强对新问题的探索和理解。这种方法能够让学生的理解更加多元化，在潜移默化之中开阔眼界，教师可以引导学生在讨论中完成自我教育。

（二）心理学理论

1．个性心理的形成、发展

每个人的思想行为存在差异，当面对同样的心理活动时，这些个体的差异化表现，可以称为个性心理。个性心理表现在个体上时，具有固定化和模式化的特征，因此，对于人类的行为有一定的研究参考价值。研究证明，针对个性心理因材施教，对于教育来说意义重大。

个性心理是诸多因素互相影响形成的，遗传基因、外界教育外加个体的实践共同作用，影响着每个人的个性心理。思想道德也应该重视影响大学生的心理因素，有针对性地进行教育活动。

2．需要动力

人的行为的动力是需要。人一般能够通过调整自身的动机、需要、行为，尽量满足自身的需要。

心理学中，人们能够极大地满足自身的物质和精神需要，但是，教育工作者对于思想道德的学科教育不应该脱离最初的目标，更应该对个人心理特征和需求进行透彻地了解和分析，制定出有针对性的教育工作方案，争取获得最好的教育结果。

（三）社会学理论

人的社会化是实现社会化目标的基础，思想道德活动要通过思想品德教育目标完成并实现。

1．社会化含义

人们参与社会行为，逐步提高技能和知识，再取得社会化的资格，并通过与他人的交流不断成长，实现自我完善的过程，就是人的社会化。

2．大学思想道德教育和社会化的内容

社会化含义广泛，包含内容较多，概括来说主要有以下四个方面：

第一，劳动技能与生活知识的学习。这两者看似不是与思想道德教育相关的

内容，但却与思想道德教育的塑造和形成息息相关。人们在儿童与青年时期的思想道德教育是发展的，这也与个体的成长紧密相连，比如，从小养成良好的个人习惯对于个体此后的发展，能够起到良好的基础作用。

第二，价值观念与生活目标的培养。每个人会依据自己的人生观制定生活目标，这个目标一定是在父母等家庭成员的指导下，综合考虑各方面因素制定的可以实现的具体目标。往往需要考虑个人发展是否能够符合社会利益发展的需求。

第三，社会生活规范的教导。社会规范是由社会互动衍生出来的、能够指导人们行为规范的、能够保障社会秩序的活动准则。作为社会关系的具体反映，社会规范能够体现人类的精神文明状况。

第四，适应社会角色的培养。角色一般是剧里的人物，但在社会学中，角色是社会结构的起点，让学生迅速适应社会角色是思想道德学科最重要的教学目标。只有消除角色差异，克服角色冲突，让大学生从学生的身份转入社会独立个体的身份，才能使大学生在今后的工作中更快适应社会环境。

第二节　大学生道德教育过程与内容

一、大学生道德教育的过程解析

（一）思想道德教育的关键点

思想道德教育过程就是教育者在教育环境之中通过教育介体把思想道德教育的客观要求转化为大学生思想道德素质的过程。

对于思想道德教育过程的界定就是对于具体的思想道德教育活动及其运行过程之特征、矛盾和规律所进行的理论概括。思想道德教育过程有广义和狭义之分。广义的思想道德教育过程是指思想道德教育中所有要素、所有阶段和所有环节都被逐一展开的过程，这个过程一般开始于确立教育目标、制定教育计划，然后是展开积极的互动、促成顺利的转化，最后是反馈教育效果和提升教育实效。狭义的思想道德教育过程则是教育者展开针对大学生的具体教育活动的过程，整个过程也是大学生思想道德素质提高的过程，还是教育者和大学生直接面对并推进教育活动的过程，教育者和大学生出现在狭义思想道德教育过程的始终。①

广义和狭义的思想道德教育过程既有区别又有联系。在广义的思想道德教育过程中，确立教育目标和制定教育计划，以及反馈教育效果和提升教育实效等环节，也都需要大学生的参与，但是大学生直接参与其中并不是必然和必须的，或者说，在这两个环节之中，大学生一般上都是间接地参与其中。而在狭义的思想道德教育过程中，不仅需要教育者和大学生双方共同的直接参与，并且教育者和大学生的彼此互动构成整个思想道德教育过程中最有实质意义的环节。在这个层面上，狭义的思想道德教育过程也可称作思想道德教育的核心过程。狭义思想道德教育过程中教育者的施教以及大学生的受教过程，即教育者和大学生直接互动进而促进大学生思想道德素质形成，是整个思想道德教育过程最为关键的环节。在这个过程中，教育者和大学生同时在场，从教育者作为主体实施教育，到大学生作为客体接受教育，再到大学生由客体转为主体，发挥自身的积极性和创造性，形成思想道德素质的过程，集中体现着思想道德教育过程的本质特征、其中存在的矛盾以及所要循序的规律。

思想道德教育过程包含着四个要素，即教育者、大学生、教育环境和教育本体；也包含着四个阶段，即强化思想政治认知、丰富思想政治情感、磨炼思想政治意志和养成思想政治行为；还包含着三个环节，即准备环节、实施环节和反馈环节。

在思想道德教育过程中，有四个关键点。②

第一，客观的思想政治要求，即一定的思想观念、政治原则、价值标准和行为规范是思想道德教育过程的依据。

第二，大学生思想道德素质形成和发展所展现的规律是这个过程始终要遵循的。

第三，针对大学生所开展的思想道德教育活动是一个确立目标并制定计划、展开互动并促进转化、反馈效果并提升实效的动态活动。

---

① 邵斌．大学生道德教育的困境与对策[J]．人民论坛，2018(12)：23-25．

② 龙静云，张陆．加强当代大学生孝德教育的探索[J]．学校党建与思想教育：下，2018：30-31．

第四，思想道德教育过程最典型的阶段就是教育者和大学生展开互动并促进大学生自身思想道德素质提升的过程。

（二）思想道德教育过程的特点

思想道德教育过程的特点是思想道德教育过程概念的具体展开。它体现着思想道德教育过程与其他形式的教育过程相区别的本质特征。这些特征体现在教育者与大学生互动之中前者给予后者的正向引导、教育实践过程中大学生的社会化、大学生思想道德素质形成的阶段性和长期性的统一，以及思想道德教育过程在处理复杂教育因素上的有序性等方面。

1．引导性和互动性

思想道德教育过程是教育者引导大学生实现自身思想道德素质提高的过程。这里的“引导”体现在教育者选择积极的教育内容，并以最有效的教育方式进行正向的指引和教导。思想道德教育要促进社会的进步和个体的发展，其展开过程中的教育内容和教育方式必然是有利于社会进步和个体发展的。思想道德教育的过程要以马克思主义理论、共产主义理想和集体主义价值观作为内容，通过灵活生动且有针对性的途径和方法，把大学生培养成为有理想、有道德、有文化、有纪律的公民，这些教育内容和形式都集中地体现我国思想道德教育的正向引导。

思想道德教育过程的引导性是在教育主客体之间的互动过程中实现的，或者说，思想道德教育的引导体现在教育者的主导性与大学生的主体性的辩证统一之上，而这种辩证统一又是在二者进行互动之中实现的。一方面，教育者是思想道德教育要求的传递者，也是思想道德教育活动的组织者，还是大学生能动性的激发者，因而在思想道德教育过程中发挥着主导作用；另一方面，大学生在教育过程中也不能被动地接受教育影响，而要发挥自身的主动性积极性和创造性，以使自身得到更快的发展。只有在教育者和大学生双向互动的过程中，思想道德教育的引导作用才能有效地实现。[①]

[①] 韩继锋，王斌．大学生道德教育重在以人文关怀为主导[J]．人民论坛，2018：12-20.

2．社会性和实践性

思想道德教育作为社会大系统中的一项社会活动，天然地具有一般社会活动所具有的特征。思想道德教育的社会性特点根源于思想道德教育与社会之间存在的内在关联性。思想道德教育过程在本质上就是引导大学生实现社会化的过程。这个社会化的过程就是大学生学习并践行社会所要求的思想观念、政治原则、价值标准和行为规范的过程。在这样的社会化过程中，教育者引导大学生所学习并掌握的观念、原则、标准和规范，并不是任意的，而是社会上的主流价值，即一个社会的核心价值观。

思想道德教育过程的社会性自始至终都是在教育实践之中实现的。思想道德教育的客观要求在教育实践的发展中被提出，并在教育实践中被大学生贯彻和落实。在思想道德教育过程中，大学生的思想政治认知需要教育实践加以明确，思想政治情感需要教育实践加以陶冶，思想政治意志需要教育实践加以锤炼，思想政治行为需要教育实践加以养成。可以说，大学生所有与思想道德素质形成有关的要素均是在教育实践活动中得以形成和发展的。只有在动态的、开放的、丰富的教育实践中，思想道德教育过程才能有效地完成。

3．阶段性和长期性

思想道德教育过程的阶段性是针对思想道德教育的过程的若干阶段和若干环节而言的。

第一，思想道德教育过程中准备环节、实施环节和反馈环节等各个环节的推进都有不断展开的问题，而不是暂时性的。

第二，大学生思想道德素质的形成和完善也是有阶段的，而不是一蹴而就。因此，在思想道德教育过程中，教育者要根据大学生的具体情况，因人、因时、因势地确定教育的开端，有的放矢地使大学生在认知、情感、意志和行为(以下简称“知”“情”“意”“行”)等几个方面得到相应的发展。“知”“情”“意”“行”诸要素在大学生思想道德素质形成过程中是逐步推进的，并同时发挥着作用，如果孤立地从某一阶段进行教育，则很难推动大学生自身思想道德素质发展的矛盾运动。同理，思想道德教育三个环节的展开也是逐步推进的，具有阶段性的特征。综上所述，实施思想道德教育活动，可以以某一阶段或某一环节作为开端，也可以有所侧重，但不能忽视或放弃其他阶段和环节，要尽可能地使“知”“情”“意”“行”等各个阶段以及准备、实施、反馈等各个环节同时发挥作用。

人的思想和行为是发展变化的，因而思想道德教育过程也是一个循环往复的过程，既定阶段或环节的完结，就是新阶段或环节的开始。人的思想和行为不仅在发展变化，还会受到各种因素的多重影响，因而教育也很难立竿见影。也就是说，人的思想道德素质中各个要素要得到全面的提升，并不是一次教育就能奏效，往往需要进行长期的教育；思想道德教育过程中各个环节的展开也不是一劳永逸的，可以说，教育的过程不只是三个环节的一次展开，而是多次循环的结果。需要注意的是，长期的循环的教育并不是内容的简单重复，而是根据大学生思想政治意识和行为的变化，不断地调整教育内容，使大学生长期地接受启发、感染、陶冶和磨炼。

4. 复杂性和计划性

思想道德教育过程中的主要任务是要解决大学生思想道德素质现状与思想道德教育所提出的客观要求之间的矛盾，并在克服这对矛盾的过程中，促使大学生思想观念的转变以及行为习惯的养成，有时甚至还涉及对个体利益的调整。因此，相对于智育、体育和美育，思想道德教育在影响因素、影响过程、影响结果等方面都具有复杂性。在影响因素上，就教育者来说，多方面的教育者均参与到教育过程中，他们所实施的影响在性质、方向和层次等方面既有可能一致，也有可能不一致，甚至还会互相抵触，因而需要协调整合；从大学生来说，教育过程要考虑到其在兴趣、爱好和习惯等方面的不同特点，相应的教育过程因此也就具有多样性和层次性。在影响效果上，思想道德教育活动的效果有时是直接的，有时是间接的，有时是即显的，有时则是潜在的。上述情形都反映了思想道德教育过程的复杂性。

思想道德教育过程的复杂性，也要求它能够被有计划地组织实施，以使自身得以顺利地完成。思想道德教育过程的计划性集中体现在三个方面。

第一，思想道德教育过程总是围绕一定的教育目的，制定出一定的教育方案，并依据教育方案的设计而开展相应的活动。

第二，思想道德教育过程需要对能力不同、水平有差异的大学生进行有效的指引和教导，否则就很难见成效。

第三，思想道德教育过程要根据大学生在“知”“情”“意”“行”等方面的不同情况采取有针对性的教育活动，以最终实现大学生思想道德素质的全面提升。能否在复杂多变的进程中，及时调整和控制整个教育过程，是思想道德教育科学性和有效性的重要指标之一。

二、大学生道德教育的内容

（一）优秀传统文化与社会主义价值观的关系

中华优秀传统文化已经成为中华民族的基因，根植在中国人内心，潜移默化地影响着中国人的思想方式和行为方式。中华优秀传统文化同时是“中华民族的精神命脉，是涵养社会主义核心价值观的重要源泉，也是在世界文化激荡中站稳脚跟的坚实根基。培育和践行社会主义核心价值观是当前大学生思想道德教育的重要内容，如何更有效地针对大学生群体进行社会主义核心价值观的培育和践行，可以从中华优秀传统文化之中去寻求资源借鉴。

中华优秀传统文化与社会主义核心价值观宣传教育之间的关系是以中华优秀传统文化开展社会主义核心价值观宣传教育的基础环节。界定中华优秀传统文化与社会主义核心价值观宣传教育二者相关的概念又是这个基础环节的基础。先要界定与中华优秀传统文化相关的概念，诸如何谓传统文化，何谓优秀传统文化，最后才是何谓中华优秀传统文化。在这样思路追问下的中华优秀传统文化，就是中华民族流传下来并对当代仍具有积极影响的古代文化(尤其是古代道德文化)。

在这些追问之中，社会主义核心价值观中的十二个词，就是承接“修身，齐家，治国，平天下”的中国古训，从国家、社会和个人三个层面对当代中国核心的价值观理念的最大公约数表述；在社会主义核心价值观基本理念的统一体中，体现国家层面基本价值诉求的“富强、民主、文明、和谐”居于最高层次，体现社会层面基本价值诉求的“自由、平等、公正、法治”居于中间层次，体现公民思想行为基本价值诉求的“爱国、敬业、诚信、友善”居于基础层次；三个层面的基本价值理念相互联系、相互作用、相辅相成，共同服务于中国特色社会主义事业和实现中华民族伟大复兴中国梦的进程；具有社会意识形态本质属性的社会核心价值观，还具有鲜明的社会主义制度属性和阶级性。社会主义核心价值观是与资本主义的个人主义核心价值观根本对立的社会主义集体主义价值观，并成为社会主义核心价值观体系之中最深层的精神内核；凝练社会主义核心价值观是社会主义核心价值体系研究过程中凸现的重要理论和实践问题，培育和践行社会主义核心价值观是党对社会主义核心价值体系建设的新部署和新要求。最后，培育和践行社会主义核心价值观是抵制资产阶级核心价值观渗透的迫切需要，也是实现全面建成小康社会宏伟目标的内在要求，还是实现国家治理体系和治理能力现代化的应有之义，亦是全面推进依法治国，建设社会主义法治国家的根本要求。

1．与核心价值观的关系

中华优秀传统文化和社会主义核心价值观的关系，主要表现为以下几个方面。

(1) 社会主义核心价值观的基础，来源于我国的优良传统文化。爱国精神、民族精神、创新思维与和谐社会是社会主义价值观的根源，虽然传统文化和社会主义价值观的表现略有差异，但是，二者是相辅相成的关系，中国古代的核心价值观在历史的长河中，不断地成长为中国的传统文化、中华民族精神、中国思维、中国精神的引领者，成为当代社会主义价值观的思想总指挥。

(2) 中华传统文化的进一步发展，离不开社会主义核心价值观。二者有很深的渊源。当代社会主义价值观是在中华传统文化的基础上发展起来的，已经得到全国人民的认可，更是中华文化迈向世界的重要思想。二者的发展和繁荣是相辅相成的，一荣俱荣。在探索中国社会主义核心价值观的同时，也是将中华优秀的传统文化推向世界的过程，更是对中华传统文化的升华。可以说，二者是一体的，社会主义核心价值观是中华传统文化的传承和传播的重要环节。在分析两者之间的关系时，要重点了解二者之间的两个特殊关系。

第一，在传播中国特色社会主义价值观时，要广泛吸收中外优秀的文化，将中华传统文化和优秀的西方发达文化成果进行有机结合。这就要求在这个过程中，要积极学习国外先进的知识和理念，并结合本国的国情进行创新，探索出符合中国国情的策略。在这个过程中，也要对外国的不良文化进行批判，在民族自豪感、自尊心、自信心方面要广泛发扬中国特色，并跟随世界的脚步，发展中国文化。要始终以中国特色社会主义价值观为原则。

第二，要注意中华传统文化和中国共产党传统文化二者之间的关系。中国共产党传统的革命文化是中国当代社会主义的重要成分，是弘扬中华传统美德的重要内容。

在实践社会主义价值观时，要牢记中国国产党的伟大使命和改革精神，学习这些精神和品质的内涵，主要有革命精神、革命态度、革命要求等。弘扬中华传统美德和传承中国共产党的传统文化，是实践社会主义核心价值观的重要保障。

2．与核心价值观宣传教育的关系

中华优秀传统文化和社会主义价值观宣传教育，二者是相辅相成的。前者是后者的重要部分和基本方法，后者又可以促进前者的有效发展。两者之间的相互作用，为中国特色社会主义道路的建设和中华民族伟大复兴的中国梦提供了重要保障。

首先，社会主义价值观宣传教育的思想指导，受制于中华优秀传统文化的思想资源，是一种具有明显时代标志的事物。这些资源是在中华传统文化的长期发展中形成的，是中华民族精神的伟大追求，是社会主义核心价值观的重要基础。中华传统文化是社会主义价值观的基石。每个核心价值观都有其核心价值，如果在培养核心价值观的同时放弃了本国的传统，就是忘本行为，就是弃本国的优秀文化精神于不顾，就无法保证中华传统文化在世界浪潮中的稳定根基。

其次，社会主义核心价值观的宣传教育，需要强大的中华优秀传统文化做依托，从中汲取有用的价值理念进行再创造。中国特色社会主义核心价值观的发展，正是在中华传统的诸子百家的学说精髓中建立起来的。

再次，要大力探讨、汲取中华优秀传统文化的资源，为构建中国特色社会主义核心价值观提供资源保障，探索社会主义核心价值观的不同层面，把中华优秀传统文化看作国家倡导的价值目标、社会倡导的价值方向、公民倡导的价值准则，从这几个方面发挥中华传统文化的多方资源在当代社会主义核心价值宣传教育中的重要作用。在当今社会，中华优秀传统文化强调人格的独立、健康的心理、个人的修养，也看重整个社会的发展问题，个人对整个社会是应该具有责任感的，个人有为群体服务的必要，个人的理想是要在社会发展之后才能够有效完成的。中华优秀传统文化强调社会各阶层之间的利益分配要做到公平公正，“使老年无妻的人、老年无夫的人、幼年丧父的儿童、老年无子的人、残疾人等，都能得到供养”，这就是中华优秀传统文化强调的“大同”，也是社会阶层平等的体现，强调多劳多得的权利保障。中华民族一直在为社会公平公正努力，这不仅是个人的修养问题，更是国家的治国方针。强调中华优秀传统文化在社会主义核心价值观的“公平、平等、自由、法制”几个方面的思想依据，也是宣传教育公民学习的重点内容。

最后，在社会主义价值观教育的资源学习过程中，必须遵循一定的原则，才能够更好地发扬中华优秀传统文化。具体原则包括：①坚持传统性与现代性的辩证统一。一个国家和民族不能忘记历史和根本，也不能仅仅依靠过去的辉煌成就而不进行创新，而应该符合时代的发展要求，应该将中华传统与现代社会进行结合发展；②坚持民族性与世界性的辩证统一。中华传统文化一直秉承兼容并蓄、千锤百炼的原则，具备极高的通达大度、安乐祥和的精神，是将中华传统文化同世界文化交流和探讨的重要手段，这种好的方法一定要得到保护和传承；③坚持主导性与多样性的辩证统一。社会主义核心价值观的领导作用要得到充分的体现，作为社会不同阶层的引领者，要接受社会主义核心价值观的评判标准。这些原则都需要与时俱进，利用符合时代发展的话语和表现形式，表达中华优秀文化的资源，同时要考虑中国特色社会主义的现实情况，寻找有用的中华传统文化激励社会各阶层崇尚善良，共同构建和谐社会。在价值观、使命观、思想观、道德观上，弘扬和传承中华优秀传统文化；④社会主义核心价值观宣传教育的活动，要合理利用中华优秀传统文化的丰富资源。

（二）优秀传统文化运用于道德宣传教育

把中华优秀传统文化贯彻到社会主义核心价值观宣传教育中，要落实这个环节，就需要完全、合理地考虑两者之间的关系，并在这个基础上，挖掘中华优秀传统文化的宝贵资源，将中华优秀传统文化与社会主义核心价值观的宣传教育活动进行有机结合。

(1) 从教育理念层面来讲，社会主义核心价值观是中华优秀传统文化的升级和变革，社会主义核心价值观的宣传与教育是学校的一项重大工程。这种重要性是不可替代的，因此，在宣传活动中，一定要实时传递这种不可替代的理念。在教育体系中，要注意各个阶段学习过程中，课程的设计需要与不同年龄段的学生进行对接，保证教育系统在独特性上有重大突破。举例来说，要增进大学生对中华优秀传统文化的探讨和研究，培养大学生的社会责任感；在社会大众的教育层面，根据社会大众的行业差异、文化差异、年龄差异等，要有针对性地进行差异化宣传教育活动，同时还要考虑城市和农村的不同环境。在校园教育、社会教育和家庭教育三者之间进行有效融合，除了学校教育发挥主要作用外，也不能忽视家庭教育和社会教育对人的影响，只有进行三者之间的有机结合，才能发挥教育的最大作用。

(2) 从教育内容层面来讲，可以从以下三个不同层面进行宣传教育。

第一，中华优秀传统文化强调爱国主义，是国家治理的重要价值目标保障。针对这个方面，可以进行个人和国家利益相结合的家国情怀教育。鼓励大学生要关心国家大事，为祖国的发展和繁荣贡献力量，增强国家荣辱观和认同感，增强民族自豪感，力争成为自尊、自信、自强的新时代的中国人。

第二，中华优秀传统文化在社会层面上具有引导作用，在社会层面上，要教会社会各阶层相互关爱。大学生要以身作则，做到尊老爱幼、同情、理解他人，富有爱心，奉献社会，热爱自然，时刻为别人着想，争做新时代的高素质、高文明、充满爱心的中国人。

第三，中华优秀传统文化在个人方面是价值观的形成依据，要重点加强大学生的人格培养教育。教导大学生做到是非分明、遵纪守法、发奋图强、刚正不阿，将大学生培养成新时代诚信、创新、有极强荣辱观的中国人。

以上就是中华优秀传统文化在社会主义核心价值观中的重要体现，也是二者充分结合的有效证据。

(3) 从教育途径层面来讲，中华优秀传统文化的多样性、变通性、生动性是不可忽略的。随着网络时代的发展，互联网的应用和变革，教育案例的实用性方面成为教育的重要内容。具体到互联网载体，要充分利用现代化的新媒体技术手段，将社会主义核心价值观进行全网传播，构建完整的传播网络，引导社会言论，引导大众认同社会主义核心价值观。大面积地发挥官方媒体、传统媒体与新媒体的重要作用，实现宣传效果的最大化。在网络便捷性和开放性的前提下，通过局域网、博客、微信、微博等平台，开展教学实践。在这个过程中，教师和学生都要学习先进的网络技术知识、网络心理学、网络法律、网络道德等知识，合理、合法地利用网络载体扩大宣传范围。

(4) 从榜样教育来讲，榜样教育是传统教育实现的重要途径，在社会主义核心价值观的教育方面，也可以广泛运用这一方法。榜样教育具有两种不同的确立方式，即“自下而上”和“自上而下”。前者是利用道德榜样自身的优秀传播方式，在大学生的日常学习和生活中接受、理解并模仿榜样的过程。后者是利用道德榜样的权威，让学生在心理上为权威性所折服，但是并不一定会主动模仿。所以，要从权威和非官方两个方面都进行教育，才能真正将道德榜样精神传递给当代大学生。

(5) 从教育重点环节层面来讲，要注意以下两点：

首先，要注意党员和青少年两个群体的教育。党员是主要的道德榜样，行为和言论对整个社会有着重要的影响，因此，对党员的教育要更加严格。青少年群体则是社会主义核心价值观的接班人，在社会发展中起着重要作用，要引导青少年树立正确的人生观、价值观，在学习、生活、成长过程中关爱青少年，帮助青少年在身心健康和学习成长的过程中，掌握正确的方法。从社会主义核心价值观中学到真正的知识，这也是社会主义价值观宣传教育的工作重点。

其次，在社会教育方面，要重视各民族的文化差异和思想差异。中华优秀传统文化包括对传统节日和各少数民族文化的继承，这些都是中华民族精神的精髓所在。在社会主义核心价值观的教育活动中，要加入节日文化，通过大众喜爱的方式开展教育活动。例如，在元宵节的活动中加入逛花灯环节，在中秋节的活动中加入赏月环节等，能够增强人们的参与感。这些做法都是中国人民在过去几千年中，与自然和谐相处的过程中形成的传统文化。中华优秀传统文化的资源，必须面向大众进行普及，并将中华优秀传统文化结合到社会主义核心价值观的教育中。利用大众喜欢的教育方式，实现社会主义核心价值观教育由传统的、书面的文化，转变为面向大众的、民间的文化。

第二章 大学生道德教育相关理论

道德既是社会调节的一种特殊手段，又是人实现自身统一的特殊方式，它始终植根于人和社会不可分割的联系之中，是一种特殊的社会价值形态。本章围绕大学生道德教育相关理论，对大学生人生观与价值观教育、理想信念教育、心理健康教育、个体道德教育及生态道德教育进行论述。

第一节 大学生人生观与价值观教育

大学生活是人生一个重要的生活阶段，也是形成正确三观的重要阶段。因此大学生应该让自己的大学生涯更有意义、更加充实，对于自己的为人处事的态度要有端正、客观的认识，并选择积极的生活方式，当然，这同样也需要思想政治上的正确引导。人生价值的思考贯彻着人们的整个生活，它不但是一种重要的人生哲学，同时还是对人生的一种重要实践。因此，对大学生形成正确的人生价值观引导和教育是非常重要的客观条件，对他们实现人生目标具有非常积极的意义。

一、大学生的人生观

当代大学生具有较高的文化水平和思想觉悟，具有多种的责任和使命，他们是社会主义事业发展的中坚力量；他们担负着振兴中华的伟大使命，将我国建设成为强大、文明、和谐的社会主义国家是其不可推卸的重要责任；同时他们也将是中国建设成为高度文明国家的重要力量。所以，当代大学生的综合素质和三观态度决定着国家的命运和发展方向，决定着社会主义事业的前进速度。综上所述，对当代大学生正确的价值观教育是必不可少的一项课题。

（一）人生观的内涵、特征、作用

1. 人生观的内涵

人生就是人的生存状态和社会生活的总和，包括了人从出生一直到死亡至的

整个生活历程。人是存在于自然界中的，整个人生必然会要经过出生、成长、衰老和死亡等几个过程，这是一种自然规律，是不可逆转和改变的。所以说人生具有自然的性质。

人生观是人们对生活过程中所持基本观点的综合体现，是人们对自身发展的反思和实践，是对人生问题所持的基本认识和观点，并用以解决人生问题的主要方式和原则。人生观有三个层面的含义：其一是人生目的，也就是人活着的意义；其二是人生态度，也就是用什么样的心态去面对生活；其三是人生价值，也就是怎样生活才能实现人生的意义。

人生观是一种理性、客观的人生思考，并以理性的态度去思考人生存在的价值和意义，并规划自己的人生发展。每个人的人生观都是不尽相同的，而且会随着年龄增长有所升华和改变。人生观主要包括悲观的人生观、拜金的人生观、为人民服务的人生观和享乐的人生观等。如此多样化的人生观的产生主要是受社会关系的影响，同时还受到外部环境和人们的经历的作用。因此可以将人生观认为是作为主体的人和外部环境相互作用和相互影响所产生的。人生观形成的前提条件就是人生实践，人们在各种客观环境中，为了获取自己的利益而进行的一种生活实践行为，因此人们的人生观在很大程度上受限于现有的客观环境和时代发展历程。

通过实践活动形成的思维能力可以提升人们总结出正确合理的人生价值，从而解决人生遇到的各种现实问题和保持自己的基本观点和态度。人生观是一种从实践到认识，由认识指导实践的循环过程。人们经过实践产生基本的认识，获得的认识又能指导更好地进行实践活动，如此循环，不断提升人生观的发展和纠正错误认识，使得认识可以不断提升，同时使得实践也不断提升。这种往复循环的过程也正好证明了人生观的形成是受主观因素和客观条件的相互影响而产生的。同时人生观的提升又是以主观认识能力的提高为前提的。[①]

---

① 蒙秋明，李咏．试析科学“三观”在大学生精神构建中的作用[J]．学校党建与思想教育(高教版)，2006(10)：12-13．

2. 人生观的主要特征

人生观是一种特有的精神现象，反映了一种社会意识形态，体现了一种社会物质生活条件，所以它具备自己独有的特点。

(1) 人生观具有社会性特征。人是所有社会关系的共和，并且一直处于一种社会关系中，不能独立于社会关系以外来生存，因此社会性是其最重要的特点之一。而以人为中心形成的人生观也必然具有社会性。处于社会关系中，其观念和态度的形成也和社会关系有着密不可分的关系。社会关系涉及人们生活的方方面面，如经济关系、物质文化关系、法律法规制度、道德风尚、民族习俗等，因此，人生观的形成也和这些社会关系有着千丝万缕的关联，尤其以经济关系的作用最为重要。每一个人的人生观的形成都不可能凌驾于社会关系之上，因为它本身就是对社会关系进行内化的一个结果，所以只有存在于一定的社会关系中，人生价值才有可能得以实现。综上所述，任何一种人生观的形成都需要以社会性为基础。

(2) 人生观具有历史性特征。在社会实践中才会产生相应的人生观，是存在于一定的社会关系中的，是特定社会的文化、经济和政治的体现，而且人生观会随着社会发展而获得发展和提升。同时，人生观的产生还会受到历史的影响，各个历史阶段的人们，对客观世界有着不同深度和广度的认识，从而产生不同的人生价值观。换言之，各个历史阶段，产生的人生观都是不尽相同的，人生观必然会带有时代的色彩。这和不可能有亘古不变的、超越时代的人性道理一样，也不可能出现亘古不变、超越历史的人生观的存在。科学客观的人生观能为人们的生活指明方向，是人们精神的提炼。对人生观的发展和提升也正是人们的一种自我改进和自我发展的重要手段。

(3) 人生观具有阶级性特征。社会关系中必然存在一定的阶级性，而且经济也是建立在一定的阶级关系中，这就导致以经济为基础的人生观也必然具有阶级性。人们处于社会关系中的不同阶级，这必然会形成人们不同的阶级地位，所以思想中也不可避免地带上阶级的色彩。

(4) 人生观具有相对独立性。社会意识是由社会存在所决定的，不管什么样的社会意识都必然是反映一定的社会存在的，是不可能脱离社会存在而产生的，不过它一旦形成，就具有一定的独立性，不再受社会存在的制约，而且还能反作用于社会存在。人生观的产生来源于民族文化和历史文化的长期累积、沉淀和提炼，它形成后也具有一定的独立性：①它可以超越社会现实，拥有一定的超前特性；②有可能落后于现实生活，具有滞后的特性。新的人生观必然要以以往的人生观为基础和条件，不过它并非一定要所有的社会存在都出现以后才会形成；同样的，不管哪一种陈旧的人生观，也不可能因为其产生的社会存在消失了，其就会完全消失。这样一来，在同种社会关系下，就产生了各种各样的人生观。

3．人生观的重要作用

人生观可以引导人们获得正确的、客观的人生理想、人生目标、人生价值和人生方向，对人的终生都产生了积极和关键的影响。其关键性的影响有以下几个方面。

(1) 人生观是人生道路的指南，决定一个人的发展方向。人所共知的是，人的思想决定着人们的行为和实践。人们的生活方向和道路选择都受到人生观的指引。人的做人原则和成为什么样的人都在很大程度上由其人生观来决定，正确的人生观能指引他们做出正确的人生选择，实现人生价值。

人生观的不同也会产生不一样的指引效果：具有正确行为和选择的人一般都具有正确客观的人生观，他们会严格要求自己，最终实现自己的人生价值；而通常情况下、悲观、狭隘、自私的人们往往没有形成正确的人生观，极易走上人生的歧途。

(2) 人生观是人生的精神支柱，决定一个人的理想信念。人生理想是任何一个人都具备的，不过要实现理想却非易事，要经历长期的、艰苦的过程才有可能得以实现，而且在实现的过程中也会遭遇各种难题和诱惑，若是缺少正确的人生观来指引和支持的话，就极易受到外界环境的诱惑和影响，从而半途而废，不能很好地实现自己的人生理想。一般有着自己远大抱负和理想的人，都有着正确的人生观的指引，并时刻要求自己不断努力和奋斗，最终得以实现自己的远大理想。

若是缺少正确的人生观的指引，人们对于理想的追求也不会长久，精神上也容易出现消极懈怠的情绪，思想空洞无趣，从而一生都无所作为。

(3) 人生观决定一个人的做人标准。不同的人生观也会造成人们对人生理想的追求和目标有所不同，同时也造成人们的格局不同。人的一生是否有价值，要看他的人生是否实现了自己的理想和价值。

(4) 人生观是促进或阻碍社会发展的巨大精神力量。人生观是一种社会意识，是基于一定的社会存在而产生的，也可以说是在一定的社会物质条件下所产生的。人生观形成后，又可以反作用于社会存在。人生观的不同，对社会发展的作用也不尽相同，对社会存在起着积极作用的人生观包括那些对反映社会发展趋势的或者是积极的经济关系的人生观。怎样的人生观可以对社会发展起到积极的推动作用，主要是从其社会的经济关系上去分析的。若是先进的社会经济关系，则产生的人生观必然也是积极的，有着重要的推动意义，不然则会起到消极作用。

(5) 正确的人生观是抵制腐朽思想的强大思想武器。对当代大学生的人生观教育是一种非常有意义有必要的重要课题。正确的人生观的形成可以帮助当代大学生选择正确的人生道路，帮助其成才，更为大学生实现人生理想提供重要的精神支柱和精神动力，同时还能帮助大学生自觉抵制错误思想和各种外来诱惑。所以，帮助大学生树立积极的、向上的人生观是非常有必要的。

（二）人生观的树立

人生观包括人生态度、人生价值和人生目的三个重要方面。关于人生观的问题有三个方面的重要体现：①人生目的，也就是人活着是为了什么；②人生态度，也就是做什么样的人，应该怎么样活着；③人生价值，也就是怎样让自己的人生变得有意义。所以说，当代大学生正确的人生观的形成必然要从这三个方面出发。

(1) 追求高尚的人生目的。人们的任何一项活动都是具有一定目的的。这个目的也可以简单看成人活着是为了什么，也是人们在各种实践活动中对自己的认识和追求。人生观的核心部分也是人生目的，人生目的决定着人生态度和人生价值。

人们选择怎样的道路是由人生目的所决定的：其一，人生的活动大方向由人生目的所决定，对人们的活动有着重要的指引意义；其二，人生活动的动力来源于人生目的，人们会加强对自己能力的培养、意志的锻炼，从而实现自己的人生目标。

人生态度是由人生目的所决定的。人的一生会遭遇各种各样的难题和挫折，会遇到各种矛盾。面对这些问题，人生目的将决定着人们会有怎样的人生态度。积极的人生目的会使人们具有顽强拼搏、努力上进的态度；消极的人生目的会让人们碌碌无为，放纵怠慢。

人生标准也是由人生目的所决定的。人生的意义就在于为他人服务，这才是正确的人生观；但是错误的人生观则会让人们只懂索取，不懂奉献，对国家和集体的利益造成严重损害，自己的人生也变得毫无意义。

综上所述，当代大学生的人生观必须以为国家、为人民奉献为首要目的，具体包括如下内容。

第一，当代大学生要顺应党和国家的要求，以为国家、为人民服务作为人生目的。而且大学生只有具备了为人民服务的人生目的，才能在实现服务人民的同时获得自己价值的实现，为建设中国特色社会主义事业的发展贡献自己的力量。

第二，大学生要顺应内在发展的要求，将为国家、为人民服务作为自己的人生目的。处于社会关系中，人们不但是服务的提供者，同时也是服务的接受者，大学生应该树立为人民服务的人生观，这样既能成为对国家、对人民来说有用的人，在保障自己的物质生活的前提下，又能获得精神上的满足。

第三，大学生只有树立了为人民服务的伟大志向，才能在人生途中免受各种外来诱惑的误导。目前，国内经济、文化急速发展，随着改革开放的深入，国外各种思想也充斥着大学生的生活中，若是大学生不能坚定自己的理想和态度，极易受到不良思想的侵蚀，出现一些错误的人生态度如享乐、拜金和极端等，这些态度都会影响大学生的积极向上的生活态度，使得他们消极、懒散，没有目标。因此大学生们要坚决抵制这些错误人生观的影响。

(2) 确立积极进取的人生态度。人生态度是指的经由生活实践的感受后对人生遇到的问题所形成的一种比较牢固、系统的处事方法和心理认识。人生态度是基于一定的社会环境产生的，并进行一定的心理内化。人生观的重要内容之一就是人生态度，人生观决定了其人生态度。当人们明确了自己的人生观以后，也就代表着他将这样的方式来为人处世；同样的，人生态度的选择也会影响他的世界观和人生观的形成。

大学生面临着国内的重大变化和发展时期，国家的发展和强大是他们不容推卸的责任，这就需要他们具备积极的、上进的人生态度。积极的人生态度包括：①认真，用认真的态度去面对生活和人生，对生命的意义有正确、积极的认识；②脚踏实地，要遵循万物发展的客观规律，实事求是，态度端正地面对自己的人生和生活；③态度要乐观向上。大学生在生活、学习、工作和恋爱中难免会遇到一些难以接受的问题，这是任何一个大学生都避免不了的问题。不过，乐观的心态是必备的，相信自己一定能冲破难关，让问题得以妥善解决；最后要有进取的心态。人生是一种不断创造，不断进取的历程，大学生尤其要跟上时代发展的要求，以上进的心态来面对生活中的各种挑战和基于，如此才能肩负中强大中国的重要使命。

(3) 实现人生价值。实现人生价值主要包含：①端正思想，努力工作；要做一个有道德的人，要有社会公德心及遵守各种社会道德；③不断充实自己的思想。努力提高自身的修养和素质，不但对生活和工作很重要，同时也会影响到身边的人。通过以身作则给身边的人传播正能量，进而实现人生价值。

二、大学生的价值观

大学生正值人生最好的年华，对新事物、新思想的接受能力也是最好的，是非常重要的学习阶段，因此要将精力用于学习科学文化、吸收各项文化的精髓，并且还要注意思想修为的提高和培养，掌握中国特色社会主义理论体系，从而树立积极的、正确的三观，树立远大的人生目标和人生理想，将为人民服务作为自己的毕生事业，肩负起强大祖国、振兴中华的使命。

（一）大学生价值观的独特性及现状

1．大学生价值观的独特性

所谓价值观就是对价值的认识和体会，是对价值是什么、如何判断和如何创造等方面所持的基本观念。价值观是基于一定的社会关系所产生的，受制于社会物质条件的影响。同时它也是一种重要的社会意识形态，它必然受到物质条件的影响。价值观的内容有两个方面的表现，其一是对价值的追求和取向，也可以说是价值目标；其二是价值的标准和法则，这是人们判断有无价值或价值大小的准绳。所以，价值观体现了人和社会关系中的内在的、稳定的和主导型的一种精神文化关系。价值观也是世界观的一个重要部分，更是人生观的核心内容，它对人们的一切活动都有着深刻的引导意义，是人们进行某种活动的重要内在原动力，是人们目标和动力的重要体现。

大学阶段正是人心理发育的关键时期，也是形成正确的价值观、世界观和人生观的重要时候。大学生也是社会关系中的一个重要组成部分，这个时期他们的生理发育基本已经趋于成熟，但是心智发育还未完全成熟，但又是其心智发展的关键时候，其情感和意志都还不是特别坚定，加上他们的成长一直都是备受家长和社会的呵护和关注的，经历的挫折比较少，阅历也不丰富，虽然他们有着较高的文化水平和思想觉悟，但是这些都还未完全应用于实践中。以上种种也造成了大学生是一个充满矛盾的群体，他们正处于不成熟向成熟过渡的重要时期，因此也体现出与其他群体不同的价值观，主要有三个方面的表现。

第一，价值观的稳定性和可变性。大学生基本已经形成了自己的价值观，而且较为稳定和深刻。不过他们正处在一个学习的过程中，因此他们的价值观也存在着变动频繁的特征。大学生会将自己所经历的每一件事都反复思考，这也随时影响着他们的价值观。甚至一件被常人看来非常细微的事情，也可能对大学生的价值观形成重大冲击。任何一件细微的事情都能激发他们的智慧，形成他们看待世界的不同眼光，一场恋爱也可能激发或者消磨一个大学生的心智，一个朋友的出现，会改变他们的人生轨迹等。综上可知，大学生的价值观是具有非常大的可塑造性的。

第二，价值取向的多样性和差异性。大学生在生理和心理、物质和精神、生存和发展的需求量都非常大，这些都能促使大学生去获取内心的满足，同时也能让他们对其追求的价值进行深思，使得其价值观的形成具有多样化和丰富化的特征。大学生最主要的任务就是学习，他们的目标也应该以理解知识的价值为首要任务。在学习过程中会产生多种多样的兴趣和认知，这就造成了知识价值观的多种多样化。大学生在物质、文化和精神生活中形成了不同的经济价值观、审美价值观、人际关系认知和政治价值观，而各种观念相互作用后，就形成了大学生的人生价值观。

第三，价值取向的独立性和从众性。大学生个性张扬，追求独和个性立；喜欢独立思考，不愿被人束缚。不过因为他们的心智还未完全成熟，具有很强的可塑性，因此大学生极易受到外界环境的诱惑和影响，产生从众心理。他们的成长经历和学习经历有着很大的相似性，使得群体之间的相互影响作用非常大。因此他们的价值观中出现从众性的特征也是情有可原的，并有以下表现：与社会群体一致，与大多的同龄人一致。

2. 大学生价值观的现状

目前正是社会主义现代化建设的重要阶段，社会主义市场经济体制已经建立，生产力的提高明显改善了人民的生活条件，对人们的思想观念也产生了重大的冲击，改变了人们的生活方式和价值观念。在计划经济中，大学生的思想观念就具有较突出的时代特征。而当代大学生的观念更是受到国内传统文化和西方文化的双重影响，其价值观具备非常鲜明的多元化和复杂化特征。

第一，价值观从集体本位向个体本位倾斜。价值观最核心的部分就是怎样处理自身和社会的关系。在计划经济时期，大学生的价值观基本上体现了社会本位性，他们基本上都以社会需求为前提来确定自己的人生规划和职业发展，对个人利益部分考虑得不多。尽管这种价值观在一定程度上有利于国内的经济发展和社会的进步，但是这种价值观过分地强调集体利益，对个人发展产生了较大的限制。市场经济时期，大学生的价值观也随之产生了很大的变化，开始逐步重视个人利益，其独立性和自主性也更加彰显出来。大学生对个人利益的追求也使得他们的自我价值和自我意识获得了较好的发展空间。他们致力于对个人尊严、价值的追求，进取意识更加明显。

第二，价值信仰多元并存。改革开放和市场经济的深入发展，使以往的中心价值观也产生了一定的动摇。当代大学生的价值观也随之有着巨大的变化，其思想不再狭隘，追求更加多元化的价值观。社会关系中具备各种各样的群体和阶层，他们追求的利益和价值都不尽相同，在这种大环境下，当代大学生的价值观也凸显出多种价值观，比如以为人民、为国家奉献为追求目标的价值观，以享乐为目标的价值以及以金钱为追求目标的价值观等并存的特征。总而言之，当代大学生的价值观最为显著的特征之一就是多元化发展。

第三，价值取向多样化、功利化。大学生对价值的认知、评价和追求形成了大学生的价值取向，也就是说用什么样的态度来面对自我价值和社会价值的关系，且做出怎样的选择。大学生应该保持正确的价值取向。价值取向是根据主体的需求形成的，在很长一段时间内，价值取向必然以社会主义初级阶段和多元化的经济成分为主导。大学生面对这样一个急速发展的社会环境，他们的思想受到各种浪潮的冲击，其价值取向呈现多元化也是必然的。

市场经济的发展必然也会对大学生的价值观产生重要影响，主要表现在：①市场经济提倡人们追求自己的物质利益，这有利于大学生形成更加自主、自立的精神追求，更有利于大学生形成强烈的竞争意识；②市场经济本身体现的就是一种利益关系，市场经济环境下更能促进学生的功利性，让大学生了解知识的掌握也是他们追求自身利益的一种重要手段。

第四，价值实现途径的多样化。当代大学生对自身地位和自我意识的追求更加凸显，他们重视自我价值的发挥，追求独立自主，充分自信，在自我价值的实现上有着自己的理解和观点，形成了多元化的目标追求，并为之努力奋斗。他们不但关注社会的发展，也重视自己的感受，不但追求物质享受，也追求精神上的满足，该价值观的形成让大学生对自己的价值选择更有信心。社会的转型必然会带来大学生的价值观念的转变，同时这也是社会经济发展到一定阶段的产物，是适应了社会经济、文化和政治发展要求的。

（二）大学生价值观的形成因素与主要内容

1．大学生价值观的形成因素

市场经济具有平等性、自主性、开放性、竞争性等特点，正是这些特点，对当代大学生价值观的变化产生了深刻的影响，具体表现在三个方面。

(1) 市场主体的平等性、自主性导致大学生价值主体由集体本位转向个体本位。计划经济时期，价值观是以集体本位为核心的。在这个时期，大学生都将为人民服务和奉献精神作为自己的价值目标。随着市场经济时代的到来和深入发展，当代大学生的市场竞争意识越来越强烈，对自己的要求也越来越高，自我意识也逐渐苏醒，他们认识到竞争的激烈、机会的平等，以及自己的发展完全由自己控制的道理，所以，在价值观的形成中越发体现出自主性和选择性，他们对理想的追求更符合实际的需要。

(2) 市场经济本身的主体性、功利性决定大学生价值选择的功利性。市场经济较计划经济的竞争更加激烈，体现出适者生存的法则。这种经济体制下，人们对科研和学问的研究兴趣大大减弱了，应用学科受到大部分学生的青睐，而基础学科和理论学科往往备受冷落。这使得大学生的价值观也从精神层面逐步向利益层面转化。目前来看，大学生对物质利益的追求日益加强，出现了一些过分追求利益、轻视道德的价值观趋向，大学生也越来越个人利益化。

(3) 市场经济的兼容性和经济成分的多样性导致大学生价值评价的相对化和多元性。市场经济体制下，任何的生产都必然要面临市场的选择，价值的体现也存在于供求关系中。而大学生是经济建设的重要力量，必然要面对市场的选择，以市场的要求来完善自我也是无可厚非的。市场需求的多元化造就了大学生观念的多元化。除此以外，经济结构和利益关系的多元化也是大学生价值多元化的重要成因，任何一个大学生都应该发挥自己的特长，实现自己的人生目标。

2. 大学生价值观教育的主要内容

价值观是人的一种心理，并通过各种行为来表现，具有多层次和多角度的特征。大学生的价值观是多重化的，对其树立正确的价值观也要从多方面来进行，包括经济、政治、爱情、职业等，使得大学生的价值教育体现了全方位特征。

(1) 人生价值观教育是大学生价值观教育的核心内容。所谓人生价值，就是人们在生存中于社会和个人来说创造了什么样的作用和意义，是主观认识层面上的一种意识形态。其价值观的核心部分就是人生价值观，热门的经济价值观、政治价值观和其他的价值观都受其制约。所以，大学生的人生价值观的教育和培养是所有价值观教育的基础和前提。

(2) 政治价值观教育是大学生价值观教育的重要内容。所谓政治价值观就是对社会上存在的政治现象和政治事务所持的意见和评价，主导着大学生的价值观的形成。它体现了大学生对政治现象和政治理想的态度、评价和取舍，是大学生政治生活观念的整体表现。当代大学生树立正确的政治价值观要从三个方面来进行引导。第一，爱国主义教育是大学生政治价值观教育的重要内容。第二，坚持社会主义道路和中国共产党的领导是中国国情的要求和历史的选择。第三，维护政局稳定和社会安定是实现我国现阶段根本任务的客观要求。

(3) 加强大学生的道德价值观教育。道德属于社会意识形态的一种，主要是受人们的内心理念、传统习惯和社会舆论的影响，对各种行为进行善恶的评价。随着改革开放的深入发展，大学生受到了市场经济和各种文化思潮的冲击，道德价值观也有了很大的转变。整体上来说，大学生基本上还是具备了健康向上的道德观念，不过，道德观念有所下降的问题也应该引起重视。树立大学生正确的道德价值观的教育是迫在眉睫的重要课题。

加强大学生的道德价值观教育，一方面，对道德价值观要进行整合。要结合西方的道德价值观和国内的道德价值观的精髓，取长补短，从而形成正确的、客观的道德价值观体系。对大学生的道德价值观的培养要符合时代发展的需求，不但要重视传统道德价值观的传承，对其糟粕进行一定的舍弃，更要注重中西方道德价值观的融合以及交流，让他们能正确认识西方国家的道德价值观念。另一方面，道德价值观的教育还要结合时代的要求。任何一个事物的发展都不可能脱离既有的时代特征，因此对道德价值观的教育也要体现出时代的要求。

(三) 大学生价值观实现的条件与路径

实现人生价值，不仅需要个人的努力，还会被社会生产力的程度所影响。每一个有梦想的大学生，都会想通过自己的努力来实现自我的价值，成就自己。这需要大学生十分的努力，拥有高度的自律性，用自己的创造力，为社会创造财富，实现自己的人生价值。

1．实现人生价值的条件

人生价值的必要因素就是社会实践，人需要通过自己的双手去改变世界，这个世界可以理解为自然与社会；但是人的创造，是以满足人类与社会的需求为目的的，这也是一个先决条件。在改造社会的同时，也需要衡量各方面因素和条件，不能够一意孤行，需要用头脑去创造。

(1) 实现人生价值的客观条件。人生价值的实现，不仅是个人完成的，个人可以通过自我的努力来为实现人生价值创造先决条件，它还会受到各种客观方面的社会历史因素的影响，比如社会、经济、文化因素等。

在经济方面，一个国家的经济状况也对大学生人生价值的实现起决定性的作用。一个国家生产力水平、经济制度、经济状况都是可变因素，这会影响一个青年从小生长的环境，影响家庭的经济、自我的阶层和自我价值的判断，不同经济状况下成长的孩子对人生价值的理解与概念也各不相同。社会地位的不同，也会对孩子造成不同的思想上的影响，经济就是通过这些来影响学生的人生价值实现的。而中国当今社会处于高度生产力发展的状态，对青年的人生价值、自我价值实现非常有利。

在文化方面，社会文化包括思想道德和科学文化，文化的发展也决定了青少年的文化与思想，这为实现人生价值提供了智力条件，优秀的文化氛围和文化教育，有利于青少年自我价值的实现。

(2) 实现人生价值的主观条件。实现人生价值，不仅仅需要客观条件，还需要主观条件。客观条件要求人适应社会和社会需求，主观条件则需要人不断地努力奋斗，还有自我良好品质。首先，从个体自身条件出发，正确客观地认识自己；其次，努力提高自身的综合素质和能力；再次，努力保持自强不息的意志；最后，立足现实，坚守岗位。

2．实现人生价值的路径

在人类漫长的发展历程中，劳动是智慧的结晶，人的社会价值是靠自己的双手创造出来的，这是一个人智慧的体现，也是一个人价值的自我体现。想要得到他人对自身价值的认可，就需要劳动，通过劳动为社会、为他人做贡献，同时做好自己的分内之事，尽到自己的责任，这样才能得到社会的认可，人生价值得以被肯定。

(1) 树立崇高的人生目标。所有的行动都有目标，在有了目标之后，才能动手劳动，进行真正的社会实践。人生目标便是人类实现人生价值的驱动，有了人生目标，人才会更有动力地投入行动。它能够为人们实现人生价值的社会实践提供无尽的热情。当有了目标，心中就有了信念，才能不顾挫折与磨难，不断前行。树立人生目标，有助于磨炼人的意志品质，让人能够更加坚定地走下去。因此，树立人生目标是实现人生价值的必备因素。

当代青年树立人生目标，一定要符合社会发展的规律。当人的思想愈加符合社会发展的需求，愈加与当代精神社会相吻合时，思想就越能够顺应社会和时代的发展。能够与社会目标同步的人生目标，对自身价值的实现更有利。

(2) 用文化知识武装自己。知识是人的软实力，想要实现人生价值，就一定要拥有技能，知识能够照亮前行的路。树立科学的人生目标需要文化水平高的头脑，文化水平决定了目标建立的水平，只有提高自己的文化水平，才能造福社会，为社会创造更好的未来。

(3) 在社会实践中实现个人价值。人的价值在于行动和创造，人的一系列活动都是有目的、有意识的。人在社会实践中创造新的事物，造福社会从而实现自我的人生价值，因此实践是人生价值实现的重要手段。

人们在实践当中发现新的事物，创造新的事物，也在实践当中发现真理，检验真理。因此想要实现人生价值，一定要把知识与社会实践相结合，实现人生价值，需要多多学习知识，夯实基础，扩大眼界，丰富自己的头脑，但同时也不应该忽略实践的重要性，应当把知识运用到实践当中去。

社会历史是由广大的人民所创造的，因此，要实现人生价值，一定要服务于人民群众，只有切实把人民群众的利益放在第一位，当代大学生才能培养自己的使命感与责任感，这有利于当代青年树立正确的三观，树立正确的人生目标。人民群众创造了历史，为人民群众服务，就是在向历史学习，吸取众人的智慧，在服务于人民群众的过程中，丰富自己的内心，丰富自己的头脑。因此一定要把人民群众的利益放在第一位，服务人民是实现人生价值的捷径。

当代大学生也就是青年一代，是祖国的未来，代表了中国的前途与发展。中国当代社会，最严峻的任务就是全面建成小康社会，加快推进社会主义现代化，实现中华民族的伟大复兴。为了实现这一目标，大学生一定要跟紧时代的步伐，增强自己的责任感与使命感，逐步提升自己，实现自我的人生价值。

第二节 大学生的理想信念教育

一、理想信念教育解析

（一）理想的概念与特性

1. 理想的概念

在现代汉语词典中，“理想”有两层含义，一层是名词，指对未来事物的合理的设想或希望；另一层含义是形容词，表示符合意愿的、令人满意的文本，主要是在名词范畴内使用。

“理想”解释为人生的奋斗目标，希腊语为这个词语的源头。“志向”在古代中国的意思就是理想，理想的形成是人们发挥主观能动性并根据人们认识的社会现象以及社会发展规律的基础上完成的，是一种精神现象和社会意识。人们不满足于自身的现状是理想的外在表现，对人生的目标和需求进行不断地追求和探索。人的主观能动性与客观必然性的统一是理想的本质，对于整个人生来说起到精神支撑的作用。

因此，在人们的实践中有对于未来的期待和追求且存在现实的可能性就是理想，既对现实进行扬弃，又能够引领现实，同时也能够将现实超越。理想的基本要素有三方面：①理想的表现形态为对于未来人们进行的形象化构思；②理想的科学性表现为其是建立在现实生活发展的可能性之上；③理想的实质是对于未来人们的追求和期待。这三要素对于理想来说都是不可或缺的，将这三要素有机地结合起来就是理想。

理想必须与现实相结合，才能是合理的设想与希望。理想高度凝聚了人们对于真、善、美的自觉追求，是真理与价值的统一。真代表求实，真理是其目标；善良是其追索目的；美代表求得和谐、协调，美好是其努力方向。

2．理想的特性

(1) 超前性与预见性。预见性和超前性是理想所具有的特性，是对社会未来发展人们的构思。理想是在人们认识社会现象以及社会发展规律的基础上形成的，是一种社会意识。理想还是一种自我意识，具有高度的自觉性，是对未来目标的追求、对自我和现实的超越，向着设定预测好的未来远大目标模型或体系不懈奋斗。理想追求的是未来的美好目标，自觉追求真善美。理想与现实的关系是既对立又统一。幻想不是理想，理想是具有可能性的，现实是理想的基础。理想既超越现实又立足于现实。理想是人们努力提高自身的价值、超越自我、实现远大目标。理想能够对现实实现超前反映，不仅对现实的现状进行说明，而且可以展现现实的发展趋势，这种反应具有特殊意义。理想的特性是既是对现实的反应，又是对未来的期望。不仅超越、改造、批判和否定现实，而且还追求、期待和构想未来，对客观现实不予否定又对社会意向有超前的追求。理想既是对现实的反映，又是对未来的追求，这样一来不仅对个人有激发作用，让其向着目标不断追求，又以现实为基础具有可能性。

(2) 科学性与合理性。对客观规律进行正确的认识是科学理想建立的前提，理想必须具有现实可能性的想象。理想指向的清晰程度随着对社会发展规律和本质的认识深刻程度加深而提升，理想越实际也就越坚定，因此，要把空想和幻想与理想区分开来，理想要具有现实可能性。没有现实基础和客观依据的对未来的构想就是空想，是一种主观的臆想，没有遵循客观事物的发展规律，是难以实现的。

(3) 时代性。文化、经济等在一定时期内的综合就是时代，是历史进程的客观反映。紧跟时代发展脚步并且把时代特征反映出来的思想意识才能够具有生命活力。著名的时代产物就有马克思主义思想，时代在不断发展和进步，马克思主义也需要跟上时代发展。

(4) 主体性与实践性。人们出于内心自觉追求的愿望、价值和需要就是理想，虽然理想是主观意识，但是是客观发展规律的反映，所以，其可以指导人们的行动，可以作为精神动力来支撑人们的行动。实践性是理想的特性，首先，理想来源于实践，也是唯一来源。其次，要想实现理想就需要进行实践，因为理想不仅与社会物质条件有关，还与社会实践有关。

(5) 指导性。人的发展要有正确的方向就需要理想坚定。因此，理想信念教育必须加强，对人的精神从根本上进行支撑，这项工作十分重要。人的理想越崇高追求也就越高尚，人生的每一步才能走得更加坚实。

理想是人生的目标、人生前进的方向。不仅如此，对于社会关系和社会制度的期望和预见也是理想的重要内容，是人们追求的未来生活目标。人们的精神活动受到理想信念的指导，而且还可以把政治主体调动起来，用尽所有力量来服务理想。在社会生活中理想能够激励人们，成为一个奋斗目标。因此，生活的纯洁程度会随着理想的崇高程度增高而增高。

(二) 信念的界定与特性

1. 信念的界定

信念是一种精神状态，是在人们坚定地信任理想并且愿意为之付出实际行动的时候形成的。意志、情感和认识的结合统一就是信念，认为其是正确的并且深信不疑的观念。

坚信建立在一定认识基础之上的观念、理论或主张，并且愿意为之付出实际行动的状态就是信念。信念这种精神状态是人类独有的。信念既不是先天的也不是超社会的，它是社会的、后天产生的。信念的产生是通过人类后天参加社会实践，在这一过程中心理意识形成，信念也随之产生，决定因素有人们的能力、特定需要、知识、经历、社会条件等。人类在生活中会遇到各种各样的观念、思想和理论，信念就是意识对这些观念、思想和理论进行筛选的结果。坚定不移地相信真理与认同价值，是构成信念的两个重要条件。

信仰是信念的高级形式，是人们仰慕信服某种价值思想，是一种对自我的超越，是对社会最高理想的把握，是对人生最高境界的追求，具有最高价值和普遍性，是在精神的范围内的最高指导，主要有人格信仰、道德信仰、政治信仰等。终极性、神圣性、崇高性和真理性包含于无论是理想，还是信仰和信念之中，不是虚假、虚幻和虚无的。

信念是一种持久且稳定的精神状态，对于美好未来、理想、某种思想理论坚定不移地相信，并且作为准则来指导言行，付出努力去实践，意志坚定有决心。信念是将意志、情感和认识统一起来，对于人格的形成来说是基本要素，也是人们进行行为选择时候的内在动机，在人们对行为进行道德评价的时候，信念是其中的内在力量。信念的形成过程是循序渐进的，从认识深化到情感升华，再到意志坚定。

2．信念的特性

信念包括四个主要特性。

(1) 稳定性。信念不是一夜之间形成的，而是在人生实践中通过对经验、教训的积淀、总结而逐渐形成的。信念是理智的把握和情感的支持双重作用的结果，一旦形成，是不会轻易改变的。理智来源于对事物规律的认识和把握，情感来源于价值认同和潜移默化，在理智和情感的双重作用下逐步形成坚如磐石的信念。人格随着信念的形成变得成熟，信念越是坚定人格也就越是可靠，不可信赖的人表现为左摇右摆、人格不健全、没有原则，这样的人的信念往往也是易变的，立场也不够坚定。信念是否稳定需要结合现实来看，越是在现实中容易取得支持的信念就越有活力。信念经过现实的考验会不仅会更加坚强，也会更加完善。如果信念与现实脱离并且僵化，那么其一般会非常脆弱，现实稍有变化就会禁不住考验，所以，要想信念更加坚定就需要与实践和现实结合起来。

(2) 执着性。深信观念具有真理性是信念的本质，因此，人们对于某种思想观念或是理论形成信念之后，就会坚定不移。所以，形成的信念是否科学是非常重要的，如果信念与现实客观相反的情况出现，就要认真思考、立即改正。

(3) 多样性。理想与信念之间的联系是非常紧密的。理想包括生活、社会、文化、经济、政治理想等等，多种多样。信念也一样，在人的思想中会对社会的各个方面产生反映，这样一来就会形成不同的信念，这种差异在性质方面，有一些是不同的，有些虽然性质相同，但是无论是层次还是性质都是不一样的。由于信念具有不同的性质，所以其具有多元性，但是不是多样性。信念的多样性指的是性质相同但是层次不同的信念。社会在不断变化和发展，产生多样性的信念是非常正常的，社会是不断进步的和宽容的，因此也不能要求完全一致，要能够求同存异。在社会主义社会之中，具有共产主义信仰的人值得称赞，但是那些为中国特色社会主义事业贡献力量的人更值得歌颂。无论是层次还是程度都不应该成为鸿沟，人们的信念是不同的要能够在不同中寻找共同之处，求同存异进而形成共同的信念。

(4) 复合性。信念是意志、情感和对客观事物发展规律认识的统一。坚定不移的意志、强烈认同的情感和对事物发展规律的科学把握是复合性的来源。坚定不移的意志让人能够知行合一，内化于心外化与行。情感的强烈认同让人相信并且乐于相信。相信的内容和对象来源于对客观事物发展规律的科学把握。复合性指的是意志、情感和认识统一合并，而不是单独起作用。

信念与理想之间的关系是辩证统一的。信念是在理想的基础之上形成的，理想也是信念的表现形式，信念支持着理想，追求理想和实现理想的过程也体现出了坚定的信念，信念的内容和方向来源于理想，理想是什么样的信念就是什么样的，坚信理想才会有坚定的信念，理想信念不仅体现了人的精神高度，还体现了思想深度。

对理想信念的本质有了清晰的认识，就会知道人们不会自发地产生理想信念。社会实践和社会生活，还有教育和学习都是理想信念产生不可缺少的条件。要想形成正确的理想信念，就需要进行理想信念教育。在人类的教育领域中，理想信念教育是比较特殊的，其目的是让受教育者树立正确的世界观和理想信念。理想信念教育的范畴是非常广泛的，不仅包括审美教育、劳动教育、法制教育、道德品质教育、政治思想教育，还包括文化科学教育，甚至一些不能称之为理想信念教育的教育，只要目的是强化、弱化、形成和转化某种理想信念的教育，都属于理想信念教育。

让受教育者能够坚持不懈地追求理想、矢志不渝地坚信信念，以及终身守望信仰是理想信念教育的目的，精神领域的高标准和思想观念的深层次是需要重点解决的问题。

二、理想信念教育的重要作用

人的世界观还有政治立场在奋斗目标上直接体现于理想信念，在人生价值的确立上，理想信念是最高标准，不仅具有激励和导向功能，还有着重要的凝聚和动力功能。人生的力量来源于坚定的信念和崇高的理想，与此同时其也是人生的精神支柱。

（一）思想政治教育的核心内容

价值观、人生观、世界观集中体现于理想信念，在人的精神领域中，理想信念的地位是核心的。思想政治教育的成功与失败关键取决于理想信念教育的效果。

一是核心价值观的核心。对于各种价值知识和观念的根本或者一般观点进行概括就是价值观。人们的价值标准和取向是由价值观来决定的。在所有价值观中最重要和最基础的就是核心价值观，不仅具有决定性还非常有影响力，其作用是支配和决定性的。在各种价值观念当中，理想信念的作用是统摄和支配，是核心价值观中的核心内容。因此，它可以决定人的言行和思想，在价值观念当中是最重要的。形成价值观、人生观、世界观的重要时期的就是大学时期。构建大学生的社会主义核心价值观的工作中理想信念起到重要的引导作用，是核心关键。

二是体现思想政治教育的根本目的和性质。明确的党性和政治性最突出的特点在思想政治教育中。使大学生树立马克思主义价值观、人生观和世界观是大学生思想政治教育的目的所在，引导他们形成共产主义和社会主义的思想品德，使无产阶级的政治思想素质得到提升，培育有纪律、有思想、有文化、有道德的社会主义接班人。思想政治教育引导核心是用社会主义一共产主义理想信念去教育大学生。中国是社会主义国家，要按照马克思主义的价值观念和内在要求对大学生进行理想信念教育，历史唯物主义和辩证唯物主义是必须要掌握的基本原理，使学生能够具有历史使命感和社会责任感，并且人生目标是崇高的，情操是高尚的，要有乐于奉献的精神和不屈不挠的品格。所以，思想政治教育要想实现其目的需要理想信念教育的助力。

（二）保证中国社会主义事业健康发展

1. 为大学生提供精神支柱

(1) 理想信念为人生指明了意义和方向。人生的意义也因理想信念的不同而不同。人的需要和根本利益以及社会发展的趋势为共产主义理想信念的重要依据，其建立基础是科学实践观。人的意义在共产主义的理想信念中不是满足个人的欲望和利益以及生理方面的享受，而是关注个人的全面发展和全人类的解放。实践使人生的价值得以体现，也是人生的意义所在。一个人要想拥有崇高的人生，就需要让个人的信仰与社会发展的理想一致，人生是有限的，但是社会发展是无限的，要把有限投入到无限之中，为人类社会的发展和进步付出努力。所以，在现实生活中要想大学生能够自觉为人民做出贡献，就需要让他们树立崇高的理想信念，主动为社会主义建设添砖加瓦。

人生在不断前进的过程中是由理想对方向进行引导的，一个人只有拥有理想，在生活中才能够有所作为。人生前进的过程中如果有崇高的理想，它就会像太阳一样，把前进的道路照亮。追求和向往美好的事物，会使人在精神上获得强大的感召力，让人们能够不惧困难地进行改造自然和社会的活动，不断发挥主观能动性，最终获得成功。一个人要想自己的生命有价值，就需要树立崇高的理想，为自己的理想而不断奋斗。一个人的才能发挥受到理想高度的制约，让青年大学生能够拥有崇高的理想信念，并且以此作为人生目标，是理想信念教育的目的所在。树立崇高理想对于人生之路刚刚起步的大学生是至关重要的。

(2) 理想信念为大学生提供科学的价值评价系统。一种理想信念对应着一种价值观体系，现实生活中的参照体系是由价值观体系构成的，是现实生活的评价标准。使马克思主义价值观、人生观世界观深入到大学生的内心，在他们的生活之中确立社会主义、共产主义的价值标准和行为规范。

(3) 理想信念为大学生事业发展提供精神动力。在人们不断进步的过程之中，对未来的美好期望和追求的远大的理想起到巨大的推动作用，人们自觉向上的动机可以由理想转化而来，推动人们进行创造创新。人们的力量的强大程度随着理想的远大和崇高程度提升而提升。自古以来，那些推动人类进步取得巨大成绩的人都是拥有远大崇高理想的人。

2．为国家、民族提供精神动力

理想信念是所有民族和国家都不能缺少的，使人奋进和凝聚人心的核心价值观也由此产生，缺失的后果就是没有了奋斗目标以及前进方向，汇聚人心的力量和催人向前的动力也会随之消失。一个民族和社会的灵魂所在就是理想。

对劳动人民和无产阶级进行理想信念教育是中国共产党从成立之初就非常重视的。中国特色社会主义和共产主义理想信念教育是党的一项重点工作。中国共产党的不断强大是由于理想信念的支撑和引导。如今，全国正在努力建设中国特色社会主义，这项任务非常艰巨也非常伟大，在其中共同的价值追求和理想信念是不可缺少的。因此，要想更好地建立社会主义，树立共产主义必胜的信念和共产主义理想是不可缺少的。

第三节 大学生的心理健康教育

多数大学生都已成年，正处于青年中期的阶段，这一时期对于大学生来说，是大学生心理、生理健康发展的关键时期，也是人格逐渐成熟的重要时期。与此同时，由于这一阶段大学生的心理并没有完全步入成熟期，所以，仍然会存在独立与依赖并存、理想与现实冲突和自我意识较强而自我控制能力较弱等问题，这就表明这一时期对于大学生来说，是一个兼具反思、挣扎和矛盾的心理时期。

根据世界卫生组织对“健康”的定义，健康不再仅仅指没有疾病，而是包括躯体健康、心理健康、社会适应良好和道德健康等多个方面。由此可以认为，健康人格发展是以心理健康为发展基础的，当具备了一定的健康心理，才能借助思想道德教育等手段，不断提高大学生的社会适应能力以及思想道德水平，但是，对于心理处于亚健康状态的大学生，是不能够正常开展思想道德教育活动的。所以，在大学生的个人生活中，心理健康问题既是极为重要的，同时也是大学生人生观教育以及高校思想道德教育工作开展时的关键内容和中心环节。所以，目前各高校理论界的重大课题，就是对大学生心理健康问题的探究以及对大学生心理健康影响因素的研究。此外，高校还应该掌握大学生出现的心理问题和发生规律，并制定有关的教育方式和应对策略。这同时也满足了深入贯彻落实中国共产党以人为本的发展要求。

大学生发生心理问题的领域主要集中在学习和人际关系方面。以下即从这两个方面具体研究大学生的心理问题。①

一、学习与心理健康教育解析

大学作为高等教育阶段，教育以传授知识为主，教育的主要目的是为了培养具备专业知识的人才，同时学校教育与社会的实际需求相挂钩，所以，大学教师的教学任务会呈现出相应的变化。因此，对于大学课程的安排，要保证大学生可以有足够的自主学习时间和选择自由，不断提高大学生的学习创造性、主动性、独立性，逐渐摆脱模式化的教学安排。而且，虽然大学学习的好坏也会影响大学生将来的工作和事业发展，但这种影响毕竟不像高考那样直接，这就使一些大学生的学习积极性下降，厌学心理不同程度存在。而对另外一些学生来讲，则是中学注重学习成绩的心理一时难以改变，从而产生过度学习焦虑的心理问题。这两种情况都是大学生心理健康问题的大敌，值得研究和教育引导。

（一）大学生厌学的心理和原因

厌学主要是指厌倦专业学习，表现为学习动力不足，经常迟到、旷课、不认

① 洪元琪．加强新时期大学生心理教育的思考[J]．理论月刊，2003(7)：120-122．

真听课、不完成作业、突击应付考试等。导致学生厌学的原因因人而异，非常复杂，但总的看来不外乎主观原因和客观原因两大类，其中主观原因是主要的。

1．厌学的主观原因

厌学的主观原因包括两个方面。

(1) 学习目的不明。有些学生缺乏明确的学习目的，认为进了大学就有了保障，因此，不必再像高中那样努力学习了。这种认识自然会让学生丧失学习动力。还有的同学曲解了大学生要全面发展的含义，认为大学中交往、组织管理等各种能力的培养更重要，学习退居其次，这些学生把大量的精力放在社会活动方面，对学习只是应付了事。

(2) 学习目标低，动力不足。当代大学生的学习动机多种多样，概括起来主要有学习兴趣和爱好、实现自我价值、考研究生和出国深造、在社会竞争中成为强者、报答父母、完成学业、获得文凭、得到他人的肯定和尊重、献身祖国建设事业、成为专家学者、获得奖学金等。这些动机有内部和外部之分，近景和远景之分，也有抽象与具体以及精神和物质追求之分，而且彼此有涵盖也有交叉。但无论如何，这个排序表明当代大学生的学习动机有明显的实用倾向，而且个人价值实现的要求远远高于社会价值的追求。这一特点决定了学生的专业兴趣依专业的发展前途及其可能获得的物质利益的大小而定。

2．厌学的客观原因

客观原因具体说来就是指来自社会、家庭和学校等方面的原因。我国市场经济体制的发展还不完善，行业结构不尽合理，使社会存在着部分大学生就业难的现象。这些社会问题很容易使涉世不深的大学生对学习产生排斥心理。

家庭原因，例如家长不顾子女的兴趣爱好，强制子女报不感兴趣的专业，致使一些学生产生厌学的心理。

学校原因。教师的教学方法、教学水平、责任心直接影响着学生的听课兴趣和听课效率。教学内容陈旧，教学方法呆板无趣，也是导致一些学生厌学的直接原因。学校的专业和课程设置状况、学校管理体制等因素都影响了学生的学习兴趣。

在全球经济飞速发展的时期，剧烈的转变正发生在我国的产业结构以及就业结构内部，所以，对于多样化人才的需求也与日俱增。但是，我国的各大高校对于课程体系、专业结构以及大学生的培养方案等方面的更新力度相对较弱，而且与社会需求脱节，从而使学生产生厌学情绪。同时，各高校为了发展自己的优势，采取了有所偏重的专业发展规划，使一些专业在资金投入、师资配备以及毕业分配和出国深造等方面都远远优于其他专业，尤其是这些优先发展的专业往往是社会比较需要的热门专业，这一客观情况不自觉地挫伤了其他专业学生的学习积极性，特别使一些冷门专业的学生心理失衡，厌学情绪加剧。

从学校管理方面看，学生转系、转专业的自由度小，也加重了学生的厌学情绪。学生入学前对专业的选择的盲目性，主观的想象多于实际的了解，自认为喜欢的专业在真正接触后才发现并不喜欢或不适合自己，但是转系和转专业非常难，喜欢和不喜欢的专业都学精力又不够，致使一些学生产生厌学情绪。因此，如何在尊重学生个性发展、兴趣爱好、学习自由方面完备激励学生积极向学的管理机制，是学校必须认真思考的重要问题。

令人欣慰的是，科学发展观的提出为社会发展、教育体制改革和教学改革指明了方向，在倡导以人为本的社会氛围中，随着社会、学校和家庭的共同努力，将为学生提供更人性化、多样化的学习和就业环境，所有这些制约学生学习主动性的发挥和个性心理发展的不利因素将逐渐减少乃至消失。

（二）学习焦虑的心理和原因

学习焦虑，是指担心达不到预期的学习目标和不能克服学习障碍的威胁，致使自尊心、自信心受挫而产生的一种紧张不安与恐惧的情绪状态。有学习焦虑的学生总感到学习的压力和对现状的不安。由于学习焦虑的产生与环境和角色的转变以及由此导致的自我评价的改变有关。

大学生的学习焦虑程度存在着明显的差异，对于不存在焦虑心理的学生来说，其学习自主性与积极性并未得到充分调动，缺少学习的压力，多数以“混文凭”

的心理状态为主。中等的焦虑程度，可以成为推动学生学习的动力源泉，使学生充满竞争力，以积极的心理状态进行学习，进一步提高学习成绩。但是，高等的焦虑程度并不利于学生学习，会使学生完全处于高度紧张的精神状态，可能会导致学生出现心理或者行为异常的状况，进一步对学生学习产生消极影响。

学习焦虑经常表现在考试上，一些学生不能冷静而从容不迫地对待考试。过度学习焦虑在考试上的表现是考试焦虑和怯场。具体症状是考前情绪异常烦乱，担心考试通不过，致使注意力不集中、记忆力减退，甚至出现失眠、多汗、身体不适等症状。考试时，由于心理过于紧张、情绪过于激动，甚至无法控制自己的思维和身体，大脑一片空白，手脚不听使唤。

对于不同的学生，其产生过度的学习焦虑情绪的原因也是不尽相同的，但是，其中所占比例最大的因素之一是，学生自身对于学习的期望度相对过高，对于学习目标也不能根据具体的情况进行相应的调整。其中，这类学生大多数都成绩比较优异。同时，这类学生也容易基于自身学习成绩带来的自信，对自身进行评价。因此，进入大学后，这些昔日佼佼者的自尊逼迫他们仍要保持以往的学习优势，确立很高的学习目标，致使精神压力很大。一旦考试失利或成绩下降，不能冷静地分析失败的原因，重新调整学习目标。如果这时学习上再遇到困难，或者成绩的提高不如希望的那样快，他们就会陷于一种焦虑状态。久而久之，自信良好的心态会慢慢丧失，心理压力更大，内心常常潜藏着一种怕失败的恐惧，结果是越努力效果越差，便形成了严重的学习焦虑。

学习能力相对薄弱、学习成绩较差、面临学习瓶颈等，也是学习焦虑产生的重要原因。造成这种结果的因素有很多，多数学生的记忆力、理解能力相对较弱，缺乏合理的学习方式和学习手段。所以，尽管这些学生学习比较努力，但是成效却并不明显，导致学习成绩较差。同时，受到外在压力的压迫，这些学生开始变得不再自信，开始质疑自身，以至于最终导致焦虑情绪的产生。焦虑情绪进一步降低了这类学生的自制能力，使其对自身的不满意程度越来越高，对学习的积极性也逐渐降低，学习效率降低，学习成绩一落千丈，使得焦虑和自卑情绪进一步恶化，在如此循环往复的基础上，导致了学习焦虑的产生。也有的学生开始学习能力并不差，但由于自己所学的并不是自己喜欢的专业，在尝试通过转系、转专业等努力失败后，虽然在学习上付出了比别人更多的努力，但成绩仍然平平。尤其是由于他们太急于提高成绩，把全部精力都放在学习上而不注意科学用脑，致使他们的记忆力和理解力下降，从而使他们对自己的能力产生怀疑，对未来的发展感到担忧，学习焦虑由此产生。

性格过于敏感的学生也容易产生过度的学习焦虑。这些学生由于性格的原因，在面对挫折和失败时，其承受的痛苦和自尊受损的程度明显较高，也更容易出现焦虑情绪。因此，这类学生在考试失利后会怀疑自身，会感觉受到他人的轻视，以至于导致心理障碍的产生，精神压力过大，注意力不集中，焦虑状况加剧，学习焦虑的情况也由此产生。

此外，有的大学生认定自己有记忆障碍、注意障碍、理解障碍等，长期改进不见成效，也会形成学习焦虑。还有，自认专业不理想、担心毕业就职困难等的心理压力长久积存不释，也是产生学习焦虑的诱因。

总之，面对学习上的挫折和困难，产生自卑心理，缺乏战胜困难的信心和勇气，不能有效地把精神焦虑转化成学习的动力，是过度学习焦虑的本质特征。

(三) 改善不良学习心理的教育对策

1. 厌学心理的调节与教育

(1) 要教育学生明确学习的目的和意义，以激发他们的学习兴趣。可以具体从两个方面开展工作。

第一，引导学生正确认识专业与个人发展和成才的关系。大学的专业是以社会需求为依据综合设置的，任何一种专业在社会发展中都有不可替代的特殊作用，所谓热门与冷门只是相对的。要求教师具备开阔的视野，能把大学教育同实际生活的需要与发展远景密切联系起来，把小课堂与大世界联系起来，不断更新教学内容，改进教学方法，从而使学生真正感受到专业学习的意义，激发学习热情。

第二，要引导大学生逐步理解学习与做人两者之间的关系。大学生借助学到的专业知识，在日后可以借助相应的岗位谋生，但是，这些仅仅是技能成果的展现。大学时期是大学生人生观形成的重要时期，以及即将步入社会的准备时期，所以，除了专业知识的学习，同样重要的还有人格的培养与塑造，以及人的全面发展能力的提升。因此，教师要提高学生的道德修养水平，进一步引导学生树立正确的人生观。而且，对于人格的培养和塑造要摆脱思想政治教育的限定范围，要将其深入到全部课程的学习中。

学习态度是人生态度和追求的直接体现，它能够清楚地反映一个人做人的修养和境界。

所以，在学习中坚守认真做人的态度，一定可以理解并掌握专业知识，逐步进入专业的深度学习中，同时也能感悟到教师在专业学习发展中的治学态度以及人生境界。因此，所学专业就会变得生动有趣，与教师接触后，学生的学习效率会进一步提高，甚至可能获得创造性的成果，进一步为专业发展和社会做出贡献。一个人必先“心”正、“意”诚，才能真正格物、致知，而致知首先是使“身”修，之后才能做到齐家、治国、平天下。只有这样，“大学生”才不仅是写在文凭上的虚名，而将是终其一生都名副其实的称号。他们在知识学养、为人品格方面都会胜人一筹，并且具有独立的洞察是非、鉴别美丑的能力，不随波逐流，在任何情势下都能立于不败之地。这些能力，除了要靠个人潜心学习获得外，教师言传身教的启发和引导也非常重要。

(2) 要引导学生端正学习态度，立志高远，增强学习动力。大学生追求个人发展，追求物质享受，这未必不能促进他们的学习劲头。但是，大量的事实证明，缺乏远大的社会理想，只为一时打算的学习动力强度小，并且缺乏稳定性和持久性，自我实现的程度也相对较低。因此，只有确立献身祖国，献身科学的学习志向，从社会和国家发展的大处着眼，才能产生高度的学习热情和不懈的学习动力，从而使自我价值得以充分实现。知识经济时代的来临和我国社会的飞速发展，急需有真才实学的栋梁之材。人生的真正意义在于奉献而不是索取。学校各有关部门和教师要从个人和国家的实际出发，对学生进行生动的爱国主义和人生观教育，使他们深刻领悟这一简单朴实的人生真谛，并让他们真正相信未来社会必将越来越注重真才实学。

(3) 要注重培养学生的成就感，及时给予适当的表扬和奖励。任何人都不可能处处出类拔萃或完全一无是处，因此，每个人只有善于扬长避短，发挥各自优势，才是个人顺利成长的坦途。教师和同学之间要在这方面做一些具体细致的工作，善于发现每个人的长项和优点，及时给予真诚的表扬和奖励，维护每个人易受伤害的自尊心，使其产生愉快的体验，从而由一发牵动全身，调动每个学生的学习积极性，形成一种团结进取的学习气氛。此外，引导学生形成正确的学习观念，全面认识社会，也可以减少学生不必要的自我辩护和自暴自弃的机会，增强学生的自信心和自我实现的强烈欲望。

2．过度学习焦虑心理的缓解方法

(1) 要形成正确的自我认识，确立积极而适度的抱负水平。正确的自我认识，就是要客观、全面地认识自己，不盲目自负，也不妄自菲薄。一般来说，影响大学生自我评价的因素主要有两个，即学习成绩和各方面特长。同学之间在这两方面表现出来的差异，在即将毕业时可以归于个人的主观努力不同，但在刚入学时，则更多缘于一些客观条件的差别，比如升入大学之前，原就读中学的教学水平和家庭环境。学习条件比较好的学校，学生的成绩尤其是各方面的发展可能好一些；而家庭条件较好的学生，在知识面和专长方面也可能好一些。而学校和家庭条件不好的学生，也有个别学习成绩很好的，但知识面和特长方面则差得多。针对这种情况，一方面，一些入学成绩不好且总是低估自己学习能力的学生，要善于分析和发现造成学习困难和挫折的因素，尤其是一些客观条件的限制，不要只是从主观上找原因。这样就可以在一定程度上缓解自责心理和焦虑情绪，比较理智地接受失败，从而激发自己前进，不至于一蹶不振，甘居下游。另一方面，中学时期的佼佼者，尤其是那些仅仅以学习成绩评价自己的佼佼者，要善于走出绝对化的心理误区，认识到学习成绩一定程度的下降是中学转入大学的必然变化，不要不顾客观条件的变化，要在与其他同学的对比中重新给自己定位，以平常心态接受自己在某些方面不如他人的事实。

形成正确的自我认识，是确立积极而适度的抱负水平的前提。心理学的研究表明，一个自我评价为“差生”的学生，其抱负水平往往很低，一般低于其实际可能达到的水平。这种低水平的目标实现，不但不能增强他的自信心、自尊心，反而使他的身心潜能处于一种抑制状态，导致学习成绩越来越差，长此以往，必然使他彻底丧失自信，自暴自弃。反之，一个自我评价为“优等生”的学生，其抱负水平又往往定得过高，一般超出自己的能力所及。这样，他虽然全力以赴，仍不能达到既定的目标，必然导致压力和焦虑不断增强。因此，积极而适度的抱负水平的确立，应该符合自己的实际能力，既不好高骛远，也不急于求成，更不自暴自弃，从而保证自己在学习上不断进步。

(2) 要增强自信，勇敢地面对挫折。学习焦虑主要是由挫折引发的，而且有学习焦虑的学生一般都是学习比较努力的。因此，只要这些学生能够保持最初的学习劲头，不被一时的挫折压倒，坚信自己有能力解决一切问题，并积极地寻找有利对策，就一定能逐渐提高学习成绩，慢慢消除过度焦虑情绪。而要增强自信，就要重视实际收获，客观看待名次。只要自己真正努力了，也学到了很多东西，不必太在意名次。

(3) 要注重探索科学有效的学习方法，提高学习效率。

综上所述，影响当代大学生学习状况的主要因素是学习目的、动机、目标以及社会影响。性格、心理和学习方法也十分重要，但不是主要影响因素，而且只要有正确的学习目的，有高层次的学习动机，追求较高的学习目标，有持续的学习动力，就能努力寻求适应于自己的科学的学习方法，避免不良性格、心理影响形成的厌学和学习焦虑。因此，激发学生的学习兴趣，引导学生树立正确的学习观，加强优良学风建设，提高学生的学习积极性，是消除厌学和学习焦虑的主要途径。同时，也要强调教师的主导作用，教书育人，言传身教，创造有利于大学生发展的学习环境。

二、人际交往与心理健康教育

在人与人的交往过程中，会产生不同的人际关系类型。对于大学生来说，人际关系是在学习、工作以及生活中逐步形成的。大学生的人际关系，主要包括师生关系、同学关系和朋友关系。大学生的情感通过这些关系的亲疏程度可以明显地反映出来，同时，这些情感对于大学生的心理也会产生不同的影响。其中，对于大学生心理影响较大的方面就是与同学和朋友关系的好坏，这也是研究的重点方向。

在大学中，大学生进行自我认识、认识他人以及认识社会的基本方式之一，就是与人交往。所以，在大学中建立良好的人际关系，不仅有助于大学生形成完善的自我评价，推动学生的社会化进程，同时也是保持大学生心理平衡以及促进自身个性发展的重要方式，这些都是大学生成才的必要条件。但是，人际交往以及人际关系处理的失误，会使大学生面临许多的心理问题，导致大学生不能对自身、他人、社会形成正确的认识，不利于大学生今后的健康成长与发展。缺乏人际交往能力的大学生，在当代社会是不可能成为成功者的。

目前大学生的心理问题诱因来自人际交往。个别大学生在进入大学校园后，因为自身性格等原因，在人际关系的处理上，会存在较大的问题，会出现沟通不畅、交往紧张等状况，通常过着踩点进入教室、课后回到寝室的生活，不能很好地融入集体生活，甚至部分大学生出现了与舍友以及同班同学的关系紧张情况，导致大学生活枯燥乏味，并且这类大学生在日后与人的交往中，会表现出明显的敌对态度。

（一）大学生人际交往的心理特征

激烈的社会竞争、多元的价值取向、网络的便捷畅达，以及大学生追求个人自由和个性张扬的时代特点，使当代大学生的交往具有重个人轻集体、重竞争轻合作、交往心理问题日显突出的特点。具体说来，主要表现在四个方面。

1. 人际交往以精神交往为主

当代社会，随着市场经济的飞速发展，大学生身处这样的时代背景下，在价值观层面必然会呈现出不同程度的功利倾向，抱着功利性目的进行交往的大学生数量也会增加。然而，从整体来看，多数大学生的交往仍以精神交往为主导。多数大学生正处于求知的学习阶段，思想相对简单质朴，对于未来的生活充满了向往和追求。同时，相比于社会环境，大学的环境更为纯净，所以，在大学阶段的交往中，大多数大学生都能做到真诚交心，因而多数交往都限于精神交往的范围中。而且，大学生的交往多以志趣相投为前提。这样的交往既能使彼此之间在学习和做人方面互相鼓励，又能获得一种心灵相通的精神愉悦和满足感，它是大学生最为向往的交往类型。但是，并非所有人都可以轻易得到的知己。多数大学生对于大学的人际交往并不满意，究其原因在于这类大学生认为，同学间的志趣相投以及纯洁的友谊，是大学人际交往中的重要内容。但是，当多数大学生对于大学生活有一定的了解后，就会意识到结交志趣相投的朋友其实很难，但是大学生也不会对结交朋友持消极态度，更不会以功利目的交友，而是为了实现互惠互利的目的，在结交友谊的过程中，不断扩大交际圈，收获知识和友情，同时不断取长补短，进一步完善自身。即使有些交往只是为了自身得到心理的安慰，也不能将其等同于物质利益，因为这仍是精神层面的交往所带来的影响。

2. 人际交往缺乏积极性

正是基于对交往的理想化追求，大学生的交往需求非常迫切，对于集体活动、社团活动以及各种出游、联谊活动是极为渴望的，渴望遇到志趣相投的朋友，获得真挚的友谊。特别是渴望与舍友或者同班同学建立亲密的关系，成为真正交心的朋友。然而，出于自身的顾虑，以及防范心过强的心理，使得大学生经常畏首畏尾，过于在乎得失，极大地降低了交往的主动性。而且，防范心理过强与现代人之间信任的缺乏有着直接的联系。同时，多样化交往方式的出现，特别是互联网的出现，以其简单便捷、无拘无束的交往特征，对于大学生进行现实交往的积极性，也造成了较大的影响。

多数大学生渴望在交往的过程中，表现自身的才能，但是，又害怕担心过多展露不利于自身的发展，而且对于别人的真诚以及善意，也是抱有一定的怀疑和警觉态度的。同时，自身也并不清楚对方是否愿意交往，担心过于主动的交往意图会给他人徒增烦恼，以至于导致原本轻松活跃的交往活动，会变得毫无生气，多数集体活动也会因此缺乏活力，变得沉闷乏味。因此，这样来看，大学生出现交往热情不高的问题，是很自然的情况。这种不愿意在同学面前暴露自己的心理，导致大学生正式群体交往的热情日趋下降，非正式群体交往兴趣增强。

有的学生对交往的认识过于理想化、简单化，认为交往就是为了获得珍贵的友谊，而且真正的朋友应该一见倾心，这样，一旦几次交往之后仍毫无结果，他们交往的积极性就会大大降低。

天生羞怯、性格内向的学生，总是很被动地与人交往；还有的学生则由于自信心不足，鼓不起勇气主动迈出第一步，从而使大学生的交往从整体上看缺乏主动性。异性间的交往更是如此。在这里，男生交往主动性的状况是影响交往效果的主要方面。

一些不良的认识倾向也使一部分学生交往主动性不够。有的学生认为学习好是至关重要的，是否有良好的人际关系对自己并没有影响，所以他们是懒得与人交往，一切顺其自然，满足于泛泛而交。有的学生则是由于学习压力重，怕磨合交往中产生的摩擦和冲突浪费太多的时间和精力。还有的学生体会不到朋友在生活中的作用，因此认为大可不必在这方面费心太多。

大学生交往的主动性不够，导致他们的交往范围比较狭窄，一般是以同龄人为主，同班、同屋同学以及同乡交往居多，与丰富多彩的校园活动提供的有利条件很不相称。

3. 人际交往以自我为中心

当代大学生中独生子女越来越多，他们注重平等，追求个性，敢于发表独立见解，不迁就、不盲从。通常都只从自己的角度考虑问题，而不注意去了解他人的性格、爱好、生活习惯、思维方式等，一旦发生摩擦，就很难设身处地从别人的角度理解问题，更为严重的是，长此以往会使有的学生讨厌所有的人，失去与人交往的兴趣和正常心态，形成严重的交往障碍。

当代大学生人际交往中出现的好多问题，很大程度上与缺乏宽容精神有关。要具备宽容态度，就要在平时的交往中注意设身处地地体验、领悟对方的思想和感情，善解人意，不要以自我为中心，即使有矛盾，也要严于解剖自己，多做自我批评。

4．人际交往具有浅层次性

由于现代意识的增强，大学生交往的地域、年龄和性别的限制越来越少，再加上交往节奏加快，交往方式多种多样，因此，表面看来，大学生的交往范围很广，交往对象尤其是网上朋友数量庞大。但是，大部分学生都认为，这些交往与自己希望的心心相印的朋友关系有很大距离。当代大学生普遍感到人际关系不尽如人意，主要不是因为缺少交往，而是因为缺少深入的交往。

造成这种情况的原因是多方面的，社会普遍存在的诚信危机使大学生自觉不自觉地形成自我保护的防御心理，在心里筑起与人交往的樊篱。而且，现在大学生多是独生子女，自我保护意识比较强，在人际交往中多是小心翼翼。这种交往只有广度而没有深度。这些情况与理想化要求高、情绪变化大、自我封闭倾向强等大学生独有的心理、认知特点结合，使当代大学生交往的浅层次性非常突出。

理想化要求高使大学生对自己和他人都比较苛求，一方面，他们非常在意自己的形象和别人对自己的评价，一旦觉得自己在某次交往中表现不佳或出过丑，就会有意识地与当时在场的人逐渐拉开距离，使今后的深入交往受到影响。大学生正处于迅速走向成熟而又没有完全成熟的过程中，他们的依赖性还很强，因此很想保持中学的坦诚无忌的交往，获得心理上的安全感，但同时又要培养自己的独立性，从而在交往中有意识地把自己深深地包裹起来，不肯或不敢轻易向人袒露心扉，因此理想化的想象很难转化成积极有效的实际行动。

（二）大学生人际交往主要心理障碍

1．人际交往心理障碍的主要内容

(1) 自傲。自傲是过高地估计自己的自我认知。表现为自我中心、觉得自己处处比别人强，不尊重他人、对他人要求苛刻。人们对自傲的人，或者敬而远之，或者针锋相对，从而使他不容易形成良好的人际关系。有自傲性格的人有些自己是能意识到的，有的人可能并不自知，这里就有一个“角色固着”的问题。所谓“角色固着”，即有些学生从小就生活在以我为中心的环境里，唯我独尊，从而使他认为由傲气产生的种种行为是理所当然的。这种角色定位一旦到了新的环境就可能处处碰壁。当代大学生个性鲜明，竞争、权利意识强烈，因此，在与人交往中往往傲气有余，宽容谦让之风欠缺。

要克服自傲，关键是要放低姿态，认识到每个人都有优点和缺点，从而真正地宽容、尊重他人。有了这种心态，再优秀的人都不会狂妄自大，因为“真正的贤人，虚怀若谷，真正的强者，温文尔雅”。不自傲，宽容他人，恰恰是优秀人的珍贵品格。

(2) 自卑。自卑是个体由于某种原因而引起的轻视自我、担心失去他人尊重的心理状态。产生自卑感的原因是多方面的，除了主观对自己的不合理认知外，还有客观的身体和生理原因，社会条件的影响等。事实上，自卑者无论在生理或能力方面可能并不比别人差，主要是他们对自己和挫折的不合理认知导致了这种怕交往的局面。

有自卑心理的大学生常常把交往的失利归因于个人能力、性格等原因，容易产生压抑、孤独的情感，意志消沉。同时，多疑敏感，更易遭受挫折感，又担心自己的缺陷被人发现，因而常加以掩饰或否认，有时表现出较强的虚荣心，影响大学生正常的学习和生活。严重的还可能发展成社交恐惧症，尽量避免在公共场合出现，不敢去教室上课，甚至一想到要与人交往，就会产生心慌不安、胸闷等焦虑症状。

产生社交恐惧症的主要原因是与人交往时心理负担太重，太在意自己在别人心目中的形象了。心理压力增大，而社交经验不足，因此在交往和讲话时难免心情紧张、心慌意乱。如果一次交往失利，这种不愉快的交往经历就会在他们追求完美的心理上投下阴影。

现代社会竞争激烈，每个人在飞速发展的社会面前都有些力不从心的感觉，当代大学生一直生活在顺境中，对残酷的竞争更是缺乏足够的心理准备，因此，自卑是大学生中一种常见的情绪。要克服这种心理障碍，首先，大学生要客观认识、全面评价自己，不仅要看到个人的短处，更要善于发现自己身上的闪光点和长处，悦纳自己，建立积极心态，减轻心理压力；还要学会经常从他人面对挫折的经历中吸取经验，汲取力量，不要怕失败，要及时从社交失败的阴影中走出来。

其次，要有勇气和信心，进行积极的自我暗示、自我鼓励，相信自己一定能做好，敢于迈出第一步，并积极参加各项交往活动，对于自己有把握的活动，要全力以赴争取成功，在成功中感受自己的能力，增强自信心。所谓“万事开头难”，这时真的要有一种豁出去的勇气。最后，通过补偿得到升华，提高自信。积极补偿的途径包括两方面：一是扬长避短，确立适合自己、切实可行的目标，充分发挥自己的优势。只要努力实践，定能有所收获。二是勤能补拙，对于自己的不足，不背包袱，以顽强的毅力尽力弥补，相信总会有所收获。这是克服自卑、找回自信的最佳途径。

(3) 嫉妒。嫉妒是指在人际交往中，因与他人比较，发现自己在才能、名誉、地位或境遇等方面不如别人而产生的一种由羞愧、愤怒、怨恨等情感交织而成的复杂心理状态。一般来说，可比因素越多的人们之间越容易产生嫉妒。换句话说，越是熟悉的且各方面条件接近的人越容易互相嫉妒。

社会竞争的加剧、大学生心理承受能力的下降和唯我独尊的心理定式，使嫉妒心理成为人际交往心理障碍的原因。如果不能通过合理途径疏导，不但妨碍正常交往，而且对人对己都可能造成严重危害。

嫉妒感是一种非常有害的心理，嫉妒感给大学生带来的痛苦是显而易见的，他们对那些比自己强的人心怀不满，可能发展到寝食不安，甚至无法正常学习和生活。而且，这种嫉妒心理还经常会转变成有害的行为，嫉妒者会通过讽刺、中伤等手段使被嫉妒者名誉扫地，从而产生极大的破坏力。其实，这种破坏性不仅直接危害被嫉妒者，也必然危害嫉妒者本人，使他们会永远背负骂名，即使他们取得再大的成就，也很难获得他人的信任和认可。

应该说，有嫉妒心并不可怕，而且一定的嫉妒心还可以使人们保持前进的动力。可怕的是不能正确调节嫉妒心，并且还把嫉妒心转化成具有破坏力的行为。是“拔低就高”还是“削高就低”，是嫉妒心可能产生的两种完全不同的结果。

因此，对嫉妒心理不一定要完全克服，关键要把消极的心态和行为转变为积极奋进的动力。具体说来，首先要善于转移注意力，正确看待自己和他人的长处，不要总盯着别人的优点，想着自己的不足，要实事求是地承认他人的长处，也能善于发现自己的优势，以求得心理平衡。每个人都各有所长，也各有所短。其次，要制定适合自己的奋斗目标，懂得争取也知道适当的放弃。最后，要培养宽广的胸怀，保持良好的心态。自己可以努力去缩短与优秀者的距离，但也不必强求。总之，只要以强者的姿态对待别人的成绩和自己的不足，就必然会使嫉妒心理在竞争的成果和喜悦中慢慢释解。

2．人际交往认知选择性障碍解析

认知选择性，一是指人们往往根据自己的需要去认识别人，又需要信息容易接受；二是指认知的角度和取向不同。不同个体经历同一事件，面对同一信息，可以有截然不同的情绪反应。也就是说，情绪主要不是由某一诱发性事件本身所引起的，而是由经历了这一事件的个体对这一事件的解释和评价所引起的。

可见，一些消极不良的情绪体验很大程度上是个体对事物的某些不合理的认知造成的。大学生对交往中矛盾的认识是否合理，直接影响人际交往的效果和当事者的情绪、心理。

纠正认知选择性造成的交往障碍关键要了解认知选择性的规律。一般说来，人们往往对与自身利益关系密切的信息感兴趣，还愿意选择以肯定形式出现的信息。对大学生而言，学习、交友、择业、成才等都是他们感兴趣的话题，涉及这些话题的交往一般说来比较受大家欢迎，效果较好。而且，大学生总的来说自我实现的理想化要求较高，因此，对于他人鼓励、赞扬、支持自己的言语及行为态度容易接受，而对于否定性的言语和态度则比较排斥。这就要求大学生在交往中善于发现和擅长赞扬别人的长处，以利于交往，促成良好人际关系。

总之，大学生要形成合理的交往观念，正确认识自己和他人，就要多交往、多交流，尽量排除认知偏差的种种影响。大学生要提高人际交往的能力，正确处理人际矛盾，保持健康心态，逐渐改变那种绝对肯定或绝对否定的思维方式，学会弹性思维，不以一时一事论成败，学会宽容自己和他人。只要正确认识和调整奋斗目标，树立信心，积极努力，就会朝着良好的势态变化。

第四节　大学生生态道德教育

一、大学生生态道德教育概述

(一) 生态道德教育的相关概念界定

1．生态的内涵解析

现代意义上的“生态”一词源于古希腊语，最初指的是家、房屋或者居住的环境，19 世纪中叶以来被赋予了现代科学意义，主要指生物之间以及生物与环境之间的相互关系与存在状态，亦即自然生态。但实际上人类并非游离于生态环境之外，它更主要的是指人类存在的载体，也就是人类存在和发展的自然环境。这一环境会随着人类社会的发展而不断变化发展。生态是许多学科的研究对象，每个学科从自己的专业角度出发，赋予它不同的含义和内容，因此，它就有了不同的定义。

在自然科学中，生态指生物群落及其地理环境相互作用的自然系统，由无机环境生物的生产者(绿色植物)、消费者(草食动物和肉食动物)、和分解者(腐生微生物)三部分构成。在社会科学中，生态往往被认为是人与自然共同构成的整体系统，并强调“人工生态系统”在自然生态系统中的地位和作用。

综上所述，生态这一概念的构成离不开四个要素。

第一，生态是位于地球表层的以生物为其高级表现形态的一个整体、一个系统。

第二，在这个系统中，所有因素相互作用、相互依存。

第三，生态具有一定的空间存在形式。

第四，人类作为生态中的一种特殊生物，是构成生态系统的必不可少的部分并发挥着相对主导的作用，其与生态系统中的其他部分构成有益的生存对立竞争关系，在利用和改造自然的过程中建立起来的“人工生态系统”在整个生态系统中居于重要的地位。

2. 生态道德的内涵解析

46亿年前，地球形成之初，由于各种物理和化学反应非常强烈，致使地球处在一种极其炽热的状态下，后来随着地球慢慢冷却，由于它独特的天文位置和结构，亿万年后，地球上出现了生命，各类物种不断繁衍进化，人类在进化过程当中，逐渐成为地球生命的主体。人类与自然之间的关系也在逐步变化，人类在学会适应生态环境的同时，创造性地发明了利用自然和改造自然的方法和技术；但从另一个角度来看，随着欲望的膨胀，人类对自然也在进行肆意的掠夺。①

人类对自然资源的过分掠夺以及不合理使用，逐渐导致了生态环境的恶化，生物多样性锐减、气候变暖、土地荒漠化等问题日益严重，这是大自然开始“报复”人类。人类开始意识到问题的严重性，不能为了自身的发展和自己的欲望对大自然肆意掠夺，不再忽视自然的力量。人类重新审视自己的行为，以一种全新的视角看待人与自然的关系，重新认识大自然在人类发展中的地位，重新担负起人类对自然的责任，并逐步探索人与自然和谐相处的新模式。生态道德就是在这种背景下提出的道德准则，它要求人类重新审视与自然的关系，不再因为自身利益与自然为敌，注重人与自然和谐关系的建立。

生态道德强调自然与人类相等的地位与权利，反对“人类中心主义”自然观，强调了在地球这样一个巨大的有机生态系统中，人只是这个生态系统的一部分。地球上，一切事物在整个生态金字塔内都是有存在价值的，都是这个巨大生态系统中不可缺少的一部分。人类如果侵犯或者破坏了这种不被人感知的价值，那么整个生态系统将会失去动态平衡。生态道德最终的目的是规范人类行为，主动保护生态环境。

道德是引导人们追求至善的良师。它教导人们树立正确的义务、荣誉、正义和幸福等观念，从而正确地选择自己的行为和生活道路。它是社会矛盾的调节器，通过对人行为强有力的约束，调节人类社会、人与自然之间的关系。随着经济的迅猛发展，人与自然的关系日益紧张，要解决人与自然之间的矛盾，需从人类的意识和行为出发，这就必须要建立新的生态伦理道德，对人类的行

① 陈林．高校思想政治教育生态系统研究[D]．锦州：渤海大学，2018：35-40．

为进行正确引导。

3．生态道德教育的内涵解析

对于生态环境的恶化，需要“究其原因，探究本质，对症下药，标本兼治”。各国政府都非常重视生态环境问题，我国也出台了相关政策，采取技术和法律等多种手段保护自然环境，并取得了一定成效。但我们必须要充分认识到，生态危机的根本原因在于人类自身，在于人们生态道德意识的淡薄以及由此产生的对自然的破坏行为，因此，从这个角度来讲，技术和法律等手段对于生态问题的解决是治标不治本，只有让人们树立生态意识，从精神层面再到行为层面地逐步引导，才能真正解决生态问题，因此，使生态道德得到广泛传播和认可、并将其转化为行动至关重要，在这个过程中，生态道德教育责任重大。

中国生态道德教育的最早倡导者陈寿朋提出：生态道德作为一种道德，既反映着人与自然的伦理关系，又反映着人与人、人与社会的伦理关系；不仅是人类道德进化的必然产物，而且是人类社会走向更高文明的重要标志。生态道德教育即是对公民进行人与人、人与社会、人与自然的伦理关系的教育过程；教育者从人与自然相互依存、和睦相处的生态道德观出发，引导受教育者为了人类长远利益和更好地享受自然，自觉养成爱护自然环境和生态系统的生存保护意识、思想觉悟和相应的道德文明习惯。通过生态道德教育，使人们认识到保护生态环境是每个人的责任和义务，在生产生活中严格约束自己的行为，尊重、爱护自然，合理利用自然资源，与自然维护和谐的关系，最终缓解生态危机。

传统教育注重对学生知识的传授，忽视了对学生道德能力的培养，新形势下高校教育应该与时俱进，重塑德育体系，努力培养大学生生态环境忧患意识。在高校开展生态道德教育，有利于提高大学生生态道德素养，使之养成良好的生态文明习惯。

（二）生态道德教育的理论渊源

1．马克思恩格斯的生态观解析

马克思恩格斯虽然没有系统阐述过生态观，但他们在阐述自然观、实践观、社会形态观和科技观时包含了丰富的生态思想，通过深入学习马克思恩格斯的著作，可以梳理出马克思主义生态观的内容。人与自然的相互关系问题是生态道德教育所关注的根本主题，恰恰也是马克思、恩格斯生态伦理观的根本出发点和核心内容。马克思、恩格斯的生态思想成果为开展生态道德教育提供了指导，主要体现在三个方面。

(1) 人是自然的存在物。自然界对人具有先在性，人类是自然界的产物，是自然界的一部分，这是马克思关于人的自然本质的立场，即把人看作自然存在物，认为人受到外部自然的限制。同时，人类社会是自然界发展到一定历史阶段的产物，也不是从来就有的，人类也是地球环境演化的产物，人是自然之子。

(2) 自然界是人类实践活动的对象。马克思、恩格斯明确肯定自然界的客观独立性和人对自然界的依赖性，但他们从来没有否认人类对于自然界的认识主体、实践主体和价值主体地位。在他们看来，自从人类文明产生以来，自然界就不断地从独立的自在自然转化为人化自然，而且随着科学技术发展，人类认识和改造自然的能力不断增强，自然界的这种人化速度不断加快，范围不断扩大。生产劳动是人最基本的实践活动形式。然而，人类劳动实践不能随心所欲，要受到自然界客观规律的制约。生产劳动作为人合规律性与合目的性相统一的活动，体现了主体性与客观性、能动性与受动性、事实性与价值性的统一。在这里，马克思实际上是对物质生产劳动做了生态化的理解，揭示了人类劳动的本质，体现了马克思主义人与自然有机统一的思想。也只有这样，自然才能为经济社会的发展提供源源不断的后备资源，有利于推进生态文明建设。

(3) 人与自然的相互协调是人类社会持续发展的重要保障。恩格斯明确提出，人类不要去统治和主宰自然，人始终都是自然界的一部分，与自然相互联系、相互制约。人类不应扮演掠夺者、索取者，而应是自然的建设者、耕耘者。人与自然和谐相处，不仅是人类的责任，也是对自身和子孙后代负责任的体现。

由此发现，人与自然的关系问题是马克思重点论述的问题，马克思主义生态观剖析了人与自然关系的本质，并指引我们该如何持续改善这种关系，也为我国生态道德建设提供了充实的理论依据。

2. 中国传统文化中的生态伦理思想解析

生态道德教育需要以我国传统文化为根基，这个过程中需要对传统文化进行继承和发扬。在我国传统文化中，人与自然的关系普遍被认为是“天人关系”，这个与生态保护紧密联系的哲学命题，各家学说多有论述，内涵丰富，影响深远，其中以道、儒、佛三家最为丰富精辟，比如道家首倡“天人合一”的生态伦理学思想；老子在《道德经》第二十五章中说：“人法地，地法天，天法道，道法自然”，第一次提出人与自然的关系以及如何处理人与自然之间关系的朴素观念，在世界上最早提出了生态思想。道、儒、佛的生态智慧产生于遥远的古代，具有跨越时代的价值。

道、儒、佛三家一系列关于尊重生命、保护自然的智慧，为当前进行生态道德教育、建设生态文明提供了不可多得的思想来源。

(1) 墨家生态伦理思想。首先，“兼相爱、交相利”是墨家生态伦理思想的基础。墨家的伦理学内容丰富，影响深远，围绕着“兼相爱、交相利”这一基本论点而展开。“兼爱”的内涵是人与人之间应该平等的、普遍的相爱相助，在墨家看来，爱人应该普遍、穷尽，主张人与人之间应该亲疏远近，而施以无差别的爱。墨家在提出“兼爱”的同时，把爱与利统一起来，关心着对人的利，以“交相利”来阐释“兼相爱”，认为只有把他人放在第一位，有利于人者才是在爱人，只有获人之利者才能感到被人爱。虽然墨家讲的是人类之间的互助互利，但其思想也包含着人与自然之间的互助互利。人类通过生产活动，从自然界获得了利益，如果人类过分剥夺自然，而不爱护自然，不与自然保持一种和谐共生、“交相利”的关系的话，那最终结果必然是遭到自然的惩罚，无法从自然获“利”。

因此，在生产实践过程中要始终秉持“兼相爱、交相利”的理念，了解自然、爱护自然，与自然和谐共生。

从墨家生态伦理思想来看，生产实践与自然的关系分为两类，一是肯定生产实践对人类社会的重要作用，通过发展人口、开发利用自然资源，以充足的劳动力从事生产实践，满足社会需要；二是开发利用自然资源不能超过自然能够承受的范围，不能过分剥夺自然资源。墨家崇尚节俭，反对铺张浪费，在衣食住行方面如此，在对待人与自然的关系方面亦是如此。

(2) 儒家生态伦理思想。儒家是我国传统文化的主流，儒家思想中蕴含着丰富的生态智慧值得去推而广之，发扬光大。

首先，“知命畏天”的生态伦理意识。敬畏天命是孔子提出其生态伦理思想的理论基石，这里的天命就是指自然规律，知天命就是对自然规律的了解。

其次，“乐山乐水”的生态伦理情怀。孔子曰：“知者乐水，仁者乐山。”孔子认为“知者”和“仁者”既快乐又长寿，是人生追求的目标和最高境界，因此要培养“乐山乐水”的生态伦理情怀，需要做到：①淡泊名利，不过分追求功名利禄；②要有“泛爱众而亲仁”的心理，只有这样，才会爱护好山山水水；③通过学习《诗》《乐》来培养高尚的道德情操，增强对大自然的欣赏和感悟能力。“仁者乐山”命题的提出，是儒家思想史上第一次将“乐山”的生态伦理要求作为培养君子人格的一项道德行为规范，纳入“仁”的范畴体系当中，这就把生态伦理教育有机地融入人伦道德教育当中。

(3) 道家生态伦理思想。道家“重生”“贵德”，主张简约朴素、崇尚自然、慈俭不争，要人按照道德性质去对待自然、社会和人生，任万物自然生长。这些思想强调人类应该与自然界保持和谐“共生”，具有强烈热爱自然的倾向和重要的环境保护价值，奠定了中国道家两千多年生存智慧的基础，受到当今社会的普遍关注。

首先，道家生态思想的逻辑起点是“道”。它是无可名状，但又无处不在、无时不有的元气，它是世界的本原，内存于万事万物的变易中。老子之“道”是从本体论意义上讲的，老子曰：“道生一，一生二，二生三，三生万物。”在这里老子把世间万物编织于同一的自然之网中，认为是道产生天地万物。老子进一步指出，“道”的最基本法则是“道法自然”。大自然的生态环境是永远按照其内在规律永不停息的在运动着，寥廓宇宙的道、天、地、人是平等的，各有所则，“道”按照自然法则独立运行，而宇宙万物皆有其自身的运行规律，人既然是道所产生的，就应该遵循自然法则，与大自然融合共存。

其次，“顺应自然”是道家生态思想的核心诉求。认为人同万物都是大自然的一部分，主张人与自然有同等的价值，要和谐相处。老子主张科学对待人与自然的关系，并把这种关系纳入道德的范畴来调整。人是社会经济活动的出发点和最终归宿，人在追求自己欲望满足的同时必须要懂得保护环境和合理利用资源。为此，老子要求人们要树立较高的环境意识，学会在控制自己行为的基础上充分发挥主观能动性。

此外，道家主张“无为”的处世态度，这里的“无为”并不是消极的不作为，而是“道”的基本规定，就是“生而不有，为而不恃，长而不宰”。总之，“无为”就是无意于为，没有自己的目的和追求，是对自然界的无意志、无目的的本质属性的一种概括。人要顺应自然造化之道，只有这样，万物才会自发的达到生存和发展的最佳状态。

3．可持续发展观解析

随着工业文明发展，人类在创造了空前巨大的物质财富的同时，也为此付出了极其沉重的环境代价，环境问题随之恶化，并从局部地区向全世界蔓延。全球日益突出的环境危机，把人类推向了历史抉择的关头，严重影响了人类社会的和谐、健康和持续发展，迫使人类反思总结自己所创造的文明，努力寻求新的发展模式。可持续发展观正是在这个特殊历史条件下逐步形成的。可持续发展观的内涵十分丰富，是开展生态道德教育的理论基础，可持续发展观的内涵主要包含以下四个方面内容。

(1) 可持续发展以道德观念为基础。道德观念具有引领、指导人类行为的作用，同时也具有特殊的感召力和说服力，使生产方式朝着符合生态规律和满足人们生态需要的方向转化。当可持续发展内化为人们的信念时，人们才能时时审视自己的行为，才能发自内心地爱护生态环境，持续维持与生态的和谐关系。可持续发展观强调的是环境与经济的协调发展，追求的是人与自然的和谐。它所追求的目标是：既要使人类的各种需求得到满足，个人得到充分发展；又要保护生态环境，不对后代人的生存和发展构成危害。它特别关注的是各种经济活动的生态合理性，强调对环境有利的经济活动应予鼓励，对环境不利的经济活动应予摒弃。倡导人对自然的道德关怀，从而促进人们建立与可持续发展相一致的生活方式，实现人与自然的和睦共处，这对于人类社会持续发展具有积极意义。

(2) 可持续发展的核心是要协调平衡好人口、资源、环境和发展之间的关系。在经济快速发展过程中，人口、资源、环境之间的矛盾与冲突进一步凸显，并在一定程度上制约着中国经济的持续增长。对于这一问题，必须给予高度重视，不仅要突出经济发展的速度，更要注重经济发展的质量。在经济腾飞同时，提高人口素质、控制人口数量，使资源、人口、环境协调可持续发展。

(3) 可持续发展要求代内公正和代际公正。代内公平主要是指代内所有人，无论其国籍、种族、性别、经济发展水平和文化等方面的差异，对于利用公共自然资源，与享受清洁、良好的环境方面均有平等权利。代内公平是同代人之间的横向公平，是可持续发展公平原则在空间维度的要求。在人类代内关系上，代内公平开始纳入人类视野。代内严重不公平是人类社会可持续发展的重要制约因素，要想实现可持续发展，必须对代内公平给予高度关注。

同时，代际公平也应得到重视。可持续发展观认为，某一代人发展也仅仅是人类整个发展链条上的一个环节。因此，为了确保人类发展链条的连续性，在追求本代人利益过程中，不能过度透支后代人的财富和资源，必须充分顾及后代人发展条件，实现最大限度的代际公平。

生态道德教育应该作为可持续发展战略实施的途径之一。为了使人口、资源、环境、社会永续发展，人类务必通过各种手段坚决贯彻落实好可持续发展战略。在以法律监管、以经济技术支持为基础的前提下，还应该构建新的关系与秩序，即生态道德。并且高校应该充分重视生态道德教育，将其作为可持续发展观的基础理论，纳入高校教育体系中。随着科学发展观战略的逐步推进和有效落实，我国人民的生态保护意识将逐步增强，社会风气将持续向善向上，为我国生态文明建设提供坚实基础，同时，也为大学生生态道德教育奠定理论基础。

二、大学生生态道德教育的现状

（一）大学生生态教育取得的成就

1．生态道德教育的地位显著提升

中国经济发生着翻天覆地的变化，人们的物质生活也有了极大改善，因此人

民群众开始想要一种更健康的生活状态，对自己所生存的居住环境有了更新的需求。目前生态问题和人们居住环境需求之间产生了矛盾，因此党和政府要针对环境问题进一步研究，使人民生活水平得到突飞猛进发展，使生态文明建设取得长足进步，有利于推进中国特色社会主义事业进一步发展。

生态道德教育理念伴随环境治理的开展，已经越来越受到大众认可。在中国人才教育培养体系当中，生态道德教育的地位越来越重要，从原来的被忽视到现在的普遍认可。在党和国家的大力推广下，生态道德教育地位有了前所未有提高。

人民群众对生态道德教育的认可，提升了生态道德教育在社会中的地位，也使其在高校当中的受重视程度加深。目前很多高校都在校园内普及生态文明教育，将生态知识普及给广大学生，使生态道德教育地位逐渐提升，获得了越来越多学生认可，使生态道德教育成为高校道德教育体系当中的重要成员。

2．生态道德教育研究的深入

目前社会对于生态文明建设，具有很大的现实需求。党和国家也对此工作非常重视，因此社会需要具备高水平生态道德素质的人才。所以高校教育要加强对于在校学生的生态道德教育，很多高校在生态道德教育方面的研究都逐渐深入。

第一，某些高校在资金和政策上面非常支持，为国内的生态道德教育者带来坚实支持，提高了学术界研究生态道德的积极性。很多学者深入研究生态道德教育，推动我国生态道德教育的持续发展。在校大学生是最好的研究对象，可以根据学生的心理发展情况，研究大学生生态道德教育认知规律，并把研究成果与日常学生培养相结合，营造出浓厚学习氛围，带来行之有效的研究成果。很多关于大学生生态道德教育的书籍也陆续出版，已经成功推出符合中国特色的大学生生态道德教育理论。

第二，在研究大学生生态道德教育过程中，很多社会组织都起到了重要作用。在党和国家的宣传号召之下，中国生态道德教育促进会在很多城市积极推广生态道德教育报告，凝聚了来自全国各地的教育人才，在社会中积极推广生态道德教育理念，用各种生态道德教育研讨会，将生态道德教育的理念扎根于教育领域，使大学生生态教育的研究获得深远发展。

3．生态道德教育的影响力的提高

目前研究生态道德教育的理论越来越多，同时借助生态道德教育社会组织对教育理念的不断推广，使生态道德教育的社会地位得到提高。因此社会大众开始深入了解生态道德教育理念，同时伴随着越来越严重的生态问题，生态教育获得社会的普遍共鸣。很多城市已开始提供绿色服务，借助自行车公共服务体系，使“绿色出行”的理念能够落实实处。

在政府的大力号召之下，民间也大力推广绿色产业，使生态保护环境落到实处。很多高校审时度势，与时俱进，深入挖掘学校学生对新兴媒体的兴趣点，将社会热点问题用公众号、微信等多种形式，在同学们之间进行揭露宣扬，使生态现实和生态教育内容与学生生活息息相关，提高了生态道德教育在大学生群体当中的影响力，使大学生生态教育的影响力不断加强，从而获得了长远发展的深厚基础。

（二）大学生生态道德教育存在的问题

大学生是我国未来社会的建设者和政策的制定者，他们的生态道德素质的高低将直接影响我国的可持续发展以及和谐社会的构建。因此，面对当前日益严峻的生态危机，高校德育担负着义不容辞的责任，生态道德教育作为一种新型的德育活动，在自身的发展过程中取得了丰硕的果实，但由于起步晚，还存在一些需要改进的地方。为了提高大学生生态道德教育工作的有效性，提出切实可行的建议和对策，必须要对当前高校德育工作进行实证调研，对存在的问题有清晰的认识并积极应对，分析问题产生的原因，进而为大学生生态道德教育工作的顺利开展提出富有针对性和科学性的建议。

1．大学生生态道德素养有待提高

(1) 相对匮乏的生态科学知识。要想研究自然规律和生命系统就要具备正确的生态科学知识，能够充分了解生态平衡、资源利用、环境保护等科学知识。生态环境之所以日益恶化大部分是因为人们对于科学生态知识的匮乏，使人们道德意识沦丧，无法正确保护我们所居住的生态环境。所以在高校当中要积极推广生态知识，使学生们能够以科学的知识和端正的态度看待生活当中的各种事物，深入了解我们所居住的生态系统以及人类活动对环境的深刻影响。

目前很多学生都具备一定程度的生产科学知识。当代大学生的生态科学知识范围比较狭窄，虽然具备一定的知识量，但也只限于与自己利益有关的环境问题，而更深刻问题、离自己生活比较远的问题或是刚出现的生态问题，他们了解的并不是很多，有时候即使知道也没有忧患意识，去挖掘人类活动对于生态系统的深刻影响。因此要深入的讲解生态知识和理论，提高生态道德教育的质量。

(2) 不够深刻的生态道德意识。人行为最重要的指引力量就是道德感，从内心深处所生发出来的心理意识，可以对人的行为有指导和约束力量，从道德角度看生态道德是讲人和自然之间的关系，是对待自然、大地、动物、植物、物种生态系统的态度。大学生生态道德系统和情感得到提升，才能够使生态科学知识获得内在的生命力，积极促进学生养成生态文明的好习惯。据调查显示，大学生是积极对待生态问题的，但是自我的生态意识并没有与行为相结合，这种状况令人担忧，侧面证明了大学生生态道德教育在生态道德、情感价值观方面没有足够的关注。

综合思维是生态道德意识的核心。这种观念认为人类是整体当中的部分，人和自然之间是一个命运相关的共同体。在这个生态系统当中，人并不是高高在上的，而是和其他物种处于平等位置。所有物种都是自然界的部分，彼此之间相互联系，不可分割。

(3) 不够重视生态问题且参与程度低。环境是人们发展的基础，与我们的生活密切相关。生态环境保证人们能够进行各项生产活动，是人们赖以生存的基础。生态危机已经摆在面前，成为社会的共同难题。每个人都置身其中，因此需要人每个人积极参与。人类要建立起公平的关系，这种公平是指人与人、人与自然的和谐发展，这样才能够改善日益恶化的生态环境。每个人都要积极努力创建我们共同的家园，改善我们所居住的生态环境。

调查显示，很多高校学生不关心生态问题，不积极参与环境保护活动。即使他们已经意识到了生态危机就在眼前，但是参加生态环境保护活动的热情却不高，妨碍了中国生态文明的进一步发展。

(4) 大学生践行生态道德教育内容的自觉性不高，生态道德行为表现较差。大学生生态道德教育的实现过程是学生将习得的生态道德知识落到实处的过程，衡量高校学生的生态道德水平高低的直接标志不是对生态道德知识的掌握，也不是生态道德情感的高低，而是落实到实际生活中的具体行为。

即使知晓再多的生态科学知识，有良好的生态道德情感，若不付诸实践则为空谈。只有在现实生活中从我做起，从身边的小事做起，真正做到关爱自然，保护环境，节约资源，形成绿色的、文明的生活方式，才能促进人与自然的和谐发展，为生态环境的改善贡献自己的力量。

高校学生将掌握的环境知识和正确的环境态度转化为环保行为时缺乏主动性和自觉性，生态道德行为表现较差。以购物时使用购物袋或购物篮的情况为例，大多数的学生支持国家实施的“限塑令”政策，但在实际生活中，23%的学生表示经常自带，54.7%的学生表示偶尔自带，22.3%的学生表示从不自带。由此分析得出，虽然学生知道塑料袋是“白色污染”的主要来源，也支持国家实施的“限塑令”政策，但在日常生活中却不能严于律己，为了方便省事还是会大量使用塑料袋。这表明部分学生知行脱节，将积极的环境态度转化为环保行为时缺乏自觉性。

2．大学生生态道德教育环境有待改善

随着自然环境的日益恶化，使得生态问题越来越受到社会各界的关注，并进入高校教育实践，成为培育公众生态道德意识的重要途径，为我国的生态文明建设做出了巨大贡献。但是，目前的大学生生态道德教育还存在许多问题，高校对于提高学生的生态道德素质这件事，还没有提到事关人类生存与可持续发展的高度来认识。生态道德教育形式化突出，缺乏自主建构，没有形成一整套完善的生态道德教育运行机制，主要表现在两个方面。

(1) 大学生生态道德教育师资力量薄弱，教师的育人能力有待提高。教师传道、授业、解惑，授之以“渔”，是学生成长的引导者，教师自身素质的高低会在

一定程度上决定教学效果的好坏。教师的生态道德素质将直接影响到大学生生态道德教育的实施、效果和质量。为人师表，教师自身的自然观、价值观、人生观等体现在教学过程中，不可避免的会对学生产生影响。如果教师自身缺乏生态道德意识，就不能培养出生态道德素质高的学生。

从总体上看，高校生态道德教育师资力量薄弱。对大学生进行生态道德教育离不开一支专业的生态道德教育教师队伍，但由于生态道德教育是一门新兴的学科，目前大多数高校对其重视程度不够，没有将其作为一门独立的学科开设专门课程，为其配备专业教师，生态道德教育师资力量薄弱。而现在大多数教师在学生时代就没有接受过正规的生态道德教育，参加工作后又缺乏与生态道德教育相关的培训和学习，因而生态道德知识普遍匮乏，对生态道德没有深刻的了解，对社会上一些生态不道德现象表现冷漠。教师自身的生态道德知识不足，大大影响了学生对生态道德知识和内容的学习、内化以及践行。

教师的生态道德教育意识不强。现在很多教师没有意识到环境问题的紧迫性，自身的生态道德意识淡薄，对大自然的责任感缺失。虽然素质教育已经普及，但大多数高校仍然是重智育轻德育，有些教师虽然在日常教学中注意到对生态环境方面的渗透，但大多停留在环境知识的讲授上，没有上升到道德情感、价值观的高度。这种认识上的偏差和教学理念的滞后是导致高校学生生态道德素质不高的重要原因之一。

(2) 枯燥的教学方法，无效的实践活动是大学生生态道德教育的现状之一。人类生存的关键就是生态问题，是每一个人都需要面临的现实问题。生态道德教育与我们的生活密切相关，是具有很强实践性的教育活动，因此教学方法可以丰富多彩，对学生产生全面影响力，提高学生生态道德教育效果。然而很多开设了生态道德教育课程的高校，借助传统的教学讲授法，并没有使用考察法、实践法等生动的教学方法。相关学科教师只是在课上的时间灌输知识，生搬硬套地向学生进行单方面传授。教师在讲台上讲，学生在台下听，使道德教育从生动鲜明变成了枯燥乏味，与学生的生活并不产生紧密关联，产生了知识和理论之间的脱节。这种教学方法只是教师的讲授，学生参与感非常低。学生是否理解知识并不重要，只要被动接受知识就可以了，并没有将学生的情感与课程的传授结合起来，使学生无法从内心获得认同感，缺乏对学习的积极性，无法融入课堂学习中。

大学生生态教育应该是丰富多彩的，用大量生态实践活动与学生所学知识结合起来，不应该通过枯燥死板的课堂传授，要把理论知识和现实状况紧密结合起来，学生能够更好地理解所学到的知识，使知识能够内化成学生的行动准则，也提高学生的自主学习能力。

实践课非常重要。教师在课堂上反复强调保护环境的重要性和生态问题的残酷现状，也没有学生在实践环境当中所获得的冲击力大。学生通过实地考察，了解到生态环境的破坏、资源的浪费、环境的污染。血淋淋的现实激发起学生保护自然的决心，从“别人要求我做”到“我从内心主动要做”，从而激发起强大的行动力量，使生态道德教育充满了参与感。

三、加强大学生生态道德教育的方法

高校大学生作为时代潮流的推动者，作为中国特色社会主义伟大事业的接班人和建设者，其生态道德素质提高关系着人们生活的自然环境能否得到有效改善。因此，探索加强大学生生态道德教育的对策，对于有力的推进我国生态文明建设，落实党和国家为人民群众创造良好的生态环境具有极其深远的意义。

（一）加强思想政治教育

全球环境持续恶化，使得生态道德教育必然会作为全球范围内所宣传的教育观念。这个问题关系着人类的长远发展，是人类社会要想长远发展的必然选择。高校思想政治教育有很多内容，生态道德教育作为其中重要的部分并不是单独的课题，而是和生活当中的各个领域都有关系。要认清现实状况，结合我国的生态道德情况，深入理解生态道德教育在整个教育体系当中的位置，提高其在高校思想政治教育当中的地位。

在马克思主义理论当中，上层建筑、生产力、生产关系共同构成了我们所生活的人类社会。在三者当中，生产关系由生产力所决定，上层建筑由经济基础所决定。但同时生产关系和生产力、上层建筑和经济基础之间又有反作用力。在思想政治教育系统中，上层建筑的构成部分之一就是生态道德教育，使思想政治最能把握时代脉搏，反映了我国的上层建筑和经济基础，这也是由上层建筑和经济基础所决定的。同时生态道德教育又影响了上层建筑和生产力，为两者服务。

1．加强思想政治教育应遵循的原则

(1) 系统性原则。世界上任何事物都不能孤立地存在，都是彼此联系、相互制约、密不可分的统一整体。高校思想政治教育生态系统内的各个因子，如教育者、受教育者、教育介体、教育环体等都是相互促进，相互影响，共同维持该系统的协调平衡，促进该系统的良性运行。

同时，内部系统与外部系统，以及与外部系统联结的各个因子的协调统一，有助于促进整个高校思想政治教育宏观系统的物质循环、能量流动和信息的交换，运用反馈调节机制，保持整个系统的协调运转，有助于提升高校思想政治教育的实效性，保证教学目标的顺利实现。

(2) 人本性原则。马克思曾说："整个所谓世界历史不外是人通过人的劳动而诞生的过程。"高校思想政治教育生态系统的良性发展，离不开整个系统内各因子的协调运作，尤其是教育者与受教育者，作为该系统内的核心生态因子，在构建和运作高校思想政治教育生态系统过程中，应充分尊重二者的人格和主体地位。在高校开展思想政治教育的过程中，其他教育子系统应服从和服务于教育主客体，为二者的良好沟通与配合提供平台。同时，教育者应重视教育对象的个体差异，积极引导受教育者，促进其主观能动性的发挥，保持整个高校思想政治教育生态系统的协调健康发展，实现全程育人、全方位育人。

(3) 社会性原则。在马克思主义哲学看来，人具有自然属性和社会属性两种属性。人作为生物，自然属性是人的本能属性，而人作为社会当中全面发展的产物，便体现了人的社会属性。人的本质属性是社会属性，体现了人与社会的高度结合，为国家培养有责任、有理想、有目标、有担当的社会主义接班人，是高校思想政治教育生态系统构建的主要内容。大学进行思想政治教育目的，并不仅仅是为了让学生掌握更多科学文化知识，也是为了培养合格的接班人和建设者，使其更能符合新时代发展要求。这种培养目标符合实现学生自由的发展目标，也符合社会对于大学生的教育要求和培养目标。社会思想政治教育体系系统当中，很重要的分支便是高校思想政治教育生态系统，它与学校、家庭、社会等其他系统相互融合，共同推动社会思想政治教育发展。它并不是孤立存在的，而是体现了和谐、协调、全面发展的理念，体现了社会性原则。

2．加强思想政治教育系统的协调发展

(1) 将思想政治教育生态系统理念，以科学的方式落实实处。学校灵魂所在便是教育理念，每一所高校都有不同教育理念，是学校能够发展思想政治教育的动力所在。统一、平衡、全面、动态、和谐的发展理念，有助于搭建高校思想政治教育生态系统。在具体工作时要注意以下三点。

第一，树立协调整体的系统观。正确看待生态主体和客体之间的关系，高校思想政治教育生态系统的主体力量是受教育者和教育者。受教育者在传统教育方式当中，处于被动地接受位置。教育者应该从个体性出发，因材施教，使学习者能够积极主动学习知识，提高学习兴趣，在学习中不断提高自身的道德教育文化。除此之外，教学方法和教学内容两者之间的关系也要协调处理，在教育过程当中，教育者要借助行之有效的方法，根据学生的现实要求，把教学内容与现实生活有效结合，使学生们能够很好地接受所学内容。国家对高校思想政治教育有了新的时代要求，每个学校都有不同发展方向，每个部门、院系也有不同要求。在这个过程当中，最根本的教育目标被不断误解和扭曲，所以顶层设计建设和基层实施要实现有效沟通，贯彻“以人为本”的思想理念。

第二，树立动态发展的生态观。高校思想政治教育生态系统是一个整体系统。系统当中的每一个部分都彼此关联，所以要处理内部和外部之间的相互关系，比如家庭生态系统在辅助教育方面的巨大功能，高效生态子系统的教育功能。社会生态子系统的调控功能。每一个小系统借助流动的能量、循环的物质、交换的信息，使整个大系统能够获得良性运转，使高校思想政治教育生态系统能够可持续发展、全面、协调发展。

第三，树立发展全面的育人观。综合性人才是高校思想政治教育的根本目的，为国家培养符合时代要求的人才。所谓全面发展是指在思想政治教育过程当中，要从学生的人格教育出发，尊重学生在每个阶段所体现出来的差异性和不同的阶段性特点，根据不同的教育内容设置不同的教育目标，借助适当教育方法，体现最大的教育效果，使学校中的每一位学生都能够全面发展。教育体系的核心在于高校思想政治教育，所以在进行价值观念、思想意识政治思想教育的同时，还要借助思想政治教育，使学生建立起正确的人生观、价值观、世界观，提高实践能力、学习能力、审美能力，实现最终“五育并举”的教育目标。

(2) 优化现存的生态机制运行模式。高校思想政治教育生态系统是一个复杂的、非线性的生态系统，它的运行离不开系统内各因子、各圈层之间的相互制约、相互影响、相互促进。同时，内部系统和外部系统通过介体的相互作用，实现物质、能量和信息的流动和交换。因此，应改变传统上人们把思想政治教育过程看成单一、直线式的运行模式，将其视为一个动态、开放、协调、发展的生态系统。

非线性机制是指生态系统各要素之间的关系是复杂的、相互关联的、是不能用简单的加减乘除来算出结果的。将这一理念引入高校思想政治教育生态系统，是指系统内各个因子之间、内部系统与外部系统之间及介体因子之间是相互影响、相互制约的复杂集合体，不能靠简单计算得出结果，因此，高校思想政治教育生态系统是一个动态发展的非线性的生态系统。

第一，代非线性机制是高校思想政治教育系统的内在运行方式，符合其自身发展规律。整个系统当中的组成部分和构成要素彼此依存相互推动，使整个系统能够协调稳定发展。比如教育方法和教育内容之间、受教育者和教育者、家庭环境，网络环境、社会环境、校园环境等多种因素，实现流动的能量、循环的物质、交换的信息的动态过程。在这个过程当中，根据介质系统的不断调节反馈和控制，使高等教育思想政治教育系统能够正常运转。

第二，高校思想政治教育生态系统的演进形式是一种动态平衡机制，具有内在的稳定性和某个阶段的失衡性。作为一个相对独立的生态系统，高校思想政治教育生态系统借助调控系统内的各种要素因子，使系统内部得到稳健发展。整个系统又在宏观大系统约束之中，受社会发展约束。所以，在发展高校思想政治教育生态系统的同时，要秉承适度原则，充分借助自然力量，调节和控制内部系统、介质系统和外部系统之间的关系，实现信息、物质和能量的正常运转，使系统内的各个环节、部分和要素都能够在发展中，实现自我完善，使各个因素能够合力推动高校思想政治教育系统的创新性发展，实现和谐、动态、平衡发展。

(3) 构筑大学生政治社会化系统平台。高校大学生作为新时代中国特色社会主义的接班人，他们应是一代有坚定信念和政治信仰的人。社会主义实现大学生政治社会化，已近经成为高校思想政治教育生的问题。面对纷繁复杂的社会环境，多元杂陈的网络空应构筑良好的政治社会化系统服务平台，具体需要注意三个方面的内容。

第一，加强对社会大环境的管理：①加强党风建设，良好的社会环境是高校开展思想政治教育活动的进一步深入，社会上的一些不良风气被逐渐清除，这改变了部分大学生漠视主流文化的偏见，从而坚定了他们对主流文化的认同；②丰富主流文化的传播形式，优化校园政治生态环境。学校作为高校开展思想政治教育活动的主要团体，其主导作用的发挥有助于优化校园风气。要充分发挥高校团委、党支部的党风领导作用，严格按照党和国家的各项制度管理高校事务，以端正的党风、积极向上的校风，一丝不苟的学风，传播社会主流价值文化。利用国旗、国歌、领袖人物、道德模范的精神感染受教育者，以增强对主流文化的认同感和责任感；③强化家庭的德育功能，为大学生政治生活化提供重要补充。父母应选择恰当的政治社会化内容，采用科学民主的教育方法，对孩子进行正确的政治引导。同时，家庭教育应与学校教育、社会教育形成“合力”，通过沟通与反馈，掌握学生的思想发展状况和行为表现，及时采取有效措施对孩子进行思想政治教育，加快其政治社会化进程。

第二，充分利用新媒体，占领网络舆论阵地。一方面，要主动占领网络舆论空间阵地，积极在主流媒体上创建思想政治教育网页、公众号，运用“两微一端”、校园网络等，聘请专家、学者开展主流文化交流讲座、开设专栏，对大学生进行政治理论、价值观念、思想意识的教育，增强其主动学习的积极性，推进其政治社会化进程。另一方面，创建平等开放的学习交流平台。互联网的最大特点是其便捷性和广泛参与性，这为高校开展思想政治教育提供了极大的便利，也改变了以往教育者在课堂上讲、受教育者在下边听的特点，他们可以充分利互联网平台，对主流文化、道德修养、社会舆论等多方面的问题进行线上交流。同时，将报纸、广播、新闻媒体等传统媒介与互联网教育相融合，保持各媒体在传播主流文化上的内在一致性，在大学生政治社会化进程中发挥良性促进作用。

(4) 要积极搭建起协调互动的宏观生态环境。根据不同的次生态环境，包容和汇聚生态系统当中的各个元素和部分，使所有系统能够统一协调，形成合力。以生态观和系统观来评价思想政治教育生态系统，把思想政治教育系统当中的各个元素，如教育环体、教育客体、教育介体、教育主体等，都融入高校思想重视生态教育的大系统当中，深入了解每一个构成要素之间的主体共生性、生态关联性、动态开放性。高校思想政治教育的外部系统、内部系统及各生态机制都以动态化视角进行研究，避免将思想政治教育作为一种封闭或半封闭状态的固定形式，要在一个更为动态化、广阔化的观念下进行研读，才能够了解未来发展方向，演进趋势以及纵向上的历史传承，这种观察有助于各个要素和部分的整合，提高整个高校思想政治教育生态系统的实效性。

第一，系统内部合力。系统内部合力包括主体合力、方法合力、载体合力。

主体合力。教育者应尊重受教育者的人格和个体差异性，对其进行积极引导，以双向互动促循环式合力；高校党委、各院系党团支部、辅导员教师、学生社团组织应积极响应国家的号召和理念，以正确的导向引领大学生成长成才，形成辐射性合力；管理部门、职能部门、教师团体及工作人员要权责分明，精诚合作，形成指向性合力。

方法合力。采用恰当的教育方法，有助于增强受教育者学习的积极性，教育者要突破传统单一“说教式”“理论式”的灌输方法，注重人文关怀，关注大学生个体发展的阶段性和差异性，综合运用柔性方法、刚性方法及弹性方法等实施教育活动。

载体合力。载体是传播思想政治教育内容的重要平台，是联结教育者和受教育者的“桥梁”，其作为一个子系统，要合理设置教育目标、教育内容，以形成思想政治教育课堂主渠道与网络虚拟课堂、线下实践教学相结合、隐形教育与显性教育优势的载体合力。

第二，要形成外部系统的合力。不光是系统内部要形成合力，社会环境、家庭环境、网络环境、校园环境等外部环境，也要形成系统之外的合力，搭建起协调、多维、互动的外部思想教育生态系统。

社会参与在构建外部系统合力过程中非常重要，要使家庭教育和学校教育之间产生互动。很多大学生会住校，所以要搭建起优良的社会环境。思想教育的主体在高校，所以学校和家长之间要积极沟通，让家长能够了解学生在学校里的学习状况、思想变化动态，能够第一时间发现问题并帮助学生改正问题。同时还要积极听取家长意见，搭建起家校网络交流平台，借助“两微一端”等多种形式，使家长能够参与到学生管理过程当中，推动高校思想政治教育生态系统的发展，同时促进实践和理论教育的有机结合。因为高校思想政治教育具有较强理论性。政治指向性非常强，所以只靠思想教育课堂上这单一渠道进行教育是远远不够的，还要在学校之外推广实践基地，借助校校联合、校企合作等多种形式来为学生打造更多的实用性实践平台，才能让学生将所学的理论知识内化吸收，最终成为自己的行动准则，使自己的素质得到全面提升。

（二）提高大学生生态道德教育地位

1. 正确认识生态道德教育的地位

在高校之中生态道德教育并没有特别高的地位，教师和学生也没有特别的看重，这对于生态道德教育的进行会造成很大影响。另外，尽管大学生有一些生态道德知识的认识，但仅限于常识部分，并没有一个完整知识体系，所以才使得大学生不重视生态道德教育。使大学生对生态道德知识重视起来，不但能够让高校意识到生态道德教育非常重要，从而将大量资金以及人才投入到生态道德教育中，另外，让大学生意识到社会发展很需要生态道德教育，意识到自我发展的意义，同时也是将大学生的整体素质提升的前提条件。

生态道德教育是直接用在道德素质上的，因此它具有一定特殊性，它的目的是利用将人的生态素质进行提升，从而使经济基础发生反作用，其他教育是没有办法替代它的地位的。经过了漫长的发展历史，再生产力当中能动性比较强的主导因素就是人，在发展历史中，思想以及行为都占有很重要位置，这时就要将人的思想进行转变、将人的动机激发出来，这对于人类历史发展是非常具有积极性的，在思想教育中，生态道德教育就是它的主要认识来源。

根据目前的社会现状，需要我国在经济、政治、社会以及文化上进行真正的转型发展，将资源节约型以及环境友好型持之以恒进行发展。高校教育主要培养的就是社会所需的人才，所以要与时俱进，符合社会发展的大前提、大趋势，充分重视生态道德教育。

首先，对于生态道德教育要大力地进行宣传，从而把生态教育的地位在高校当中提升上去。在社会发展中，政府教育部门主要是充当决策以及管理的角色，主导着经济、文化以及政治的发展，所以对于生态问题需要有很清楚的认知，在进行生态道德教育时，需要各级政府要有明确分工，大力调查生态环境的问题，建立相关研究课题，从而支持和激励专家学者深入研究生态道德教育的问题，全面宣传生态道德教育，并且要把生态环境保护当成一个区域的主要发展内容，把原来根据“GDP”作为目标的形式进行转变，强调要实现资源节约型的社会理念，将更多人才以及资金投入到生态道德教育当中，支持越来越多的人加入生态道德教育以及环境保护的队伍。利用宣传生态环境保护、教育的一些就业机会，支持高校去进行生态道德教育的相关课题开展，使大学生生态教育面向全社会发展。这样的发展形势，为具有生态素质的大学生提供了良好的发展平台。

其次，对于相关课程的开设，各个高校都要加强，争取创造出来的教育课程具有非常大的影响力。目前，我国高校在生态教育这一方面还是很宽泛的，并没有针对生态道德教育去建立一个比较专业的课程，也没有相对应的部门去履行生态道德教育，这样的状况让大学生思想教育部门没有多余的时间和精力去兼顾生态道德教育的多种需求，对于生态道德教育来说是没有效果的，从而导致大学生对生态道德教育的不重视。要有专门的部门去进行生态道德教育管理，主要就是针对这门课程进行有效的管理，从而监督和引导大学生去执行生态道德教育。所以，高校要研究设立生态教育部门的可能性以及必要性，设立生态教育部门，在进行教育的同时监督其课程建设。另外，在创建生态道德教育时不能缺少优秀人才，通过掌握大学生的心理以及不同专业的区别来了解他们的心理活动，然后大量投入资金，从而将更多的高素质的工作者吸引过来，在充分掌握大学生的基础上，将这一门课程进行创建，并使之具有一定特色。

再次，要将社会发展趋势牢牢地掌握住，随着经济社会发展的不断转型，教育内容也在不停改变，要让教育跟上社会的步伐，满足社会需求，对于全球性的生态事件要让大学生的关注得到满足，让他们的困惑找到相对应的答案，将他们的生态道德教育往正确的方向上去引导。另外，可以利用学术论坛的创立，通过不一样的路径来改善教育体系，从地位上来讲，要把生态道德教育和传统德育放到一个水平线，这样培养出来的人才不但具备生态道德素质，而且还具备传统道德素质，将高校教育和社会需求相结合，这才是高校教育的主要培养目标。对于生态道德教育这项工作要更加重视，将生态教育体系创立得更加的完整，广泛招揽贤才，要对学生的生态道德教育进行鼓励，密切地和政府以及企业进行合作，帮助生态教育工作者排忧解难，来提高生态道德教育在高校中的地位，实现环境友好型高校的创建。

2. 加强生态道德教育知识传授

生态道德教育，作为一个影响深远的系统工程，其内部各要素的有序进行影响着生态道德教育进行的全过程，生态道德知识体系作为大学生生态道德教育的开端，关系着高校大学生对于生态问题的正确理解，关系着生态道德教育的顺利进行。因此，让当代高校大学生具备相对全面的生态知识体系，是生态道德教育不断进行的前提，全面的生态知识体系有利于高校大学生对生态环境问题进行了解，能够激发高校大学生对于生态问题的关注，思考自身生活中的具体生态问题，进一步产生对于生态环境的责任感。所以，对大学生进行生态知识体系的完善，加强大学生生态道德教育知识的传授，对于大学生生态道德教育的顺利开展，有着积极而深远的意义。

(1) 加强传授相关教育知识，同时还要有高校支持。不管什么课程，想要让知识很好地传授下去，就不能缺少课程教育中的任何因素，这是二者共同形成的结果。想要生态道德知识传授得到保障的话，不能缺少高校制度。详细来说，就是高校能够强制要求大学生必须学习这门课程，将这门课程分为两种，一种是必修课程，另一种是进阶课，必修课程能够在一定程度上让大学生学到生态常识，并且在这个基础上可以补充完善自身知识，进阶课是在了解基础常识之后进行知识的深入研究，设计成这样的课程规则，能够让大学生具有可以生态道德知识。并且在这个条件下，还可以设立专家论坛制度，然后进行调查，并将专家学者邀请到学校来给大学生进行讲座，让他们能够接受前沿的生态道德教育。

高校还能够定期举行知识竞赛以及论坛，并要有荣誉奖励机制，这样就可以激励大学生积极参与到这一环节当中，让这一门知识不再只依靠传统课堂才能进行传授，让他们在进行活动时就可以学到知识。

(2) 加强传授相关教育知识，还需要有人才方面的支持。无论哪一门课程的传授都是不能脱离人才单独进行。同时，还需要针对高校的教育工作进行人才队伍建设，这些都是教育界的珍贵资源，所以，首先是要将教师队伍进行加强，提供参加全球性的学术会以及其他研讨活动，融和国内外的先进技术和知识理念，提升教师自身的知识素养，并且还要在各个高校之间开展教育研讨会，便于传播优秀教师的珍贵经验。其次，引入大批高素质的教师，同时也给他们创造更加方便的渠道进行沟通交流。

(3) 加强生态道德知识的传授，需要高校的活动支持。任何课程知识的传授，同样离不开丰富的校园活动。高校校园活动，作为高校大学生在课堂学习之余进行娱乐学习和思想交流的重要场所，一直以来都为高校大学生所学习的知识表达创造了良好的平台。在校园活动中，高校大学生的思想和观念相互碰撞，相互交流，彼此之间都得到了新的提升。活跃的高校校园活动，可以让大学生在生态道德知识课堂传授之后，与同学进行交流学习，使课堂知识进行巩固，进一步加深认识，这样，校园活动对于加强生态道德知识传授的重要性就很明确了。

加强高校的校园活动，需要正确认识校园活动在整个生态道德知识传授中的地位，不能一味地搞活动，而忽视了课堂学习的重要性，要准确把握生态道德教育校园活动的度。因此，高校校园活动的加强，一方面要有准确的指导，高校校园活动相关部门应当在校园内展开调查，研究高校校园活动数量和范围的合理性，在研究基础上，合理规划高校校园活动。另一方面，高校校园活动要重视对高校大学生的引导和鼓励，作为校园活动的主要参与者，高校大学生是校园活动主体和主人，高校校园活动相关部门要加强对高校大学生的引导，通过举办高校大学生校园生态知识竞赛、校园环境保护周、校园生态知识辩论、校园环境卫士选拔等专门性的生态道德教育活动，正确引导高校大学生对所学的生态道德知识进行巩固。

（三）增强高校大学生生态道德价值观

大学生生态道德教育环境，在整个大学生生态道德教育系统中的地位是至关重要的，只有创造良好的大学生生态道德教育环境，生态道德教育之花才能茁壮成长。当前高校校园环境普遍存在“重科研”而“不重教学”，“重理论”而“不重实践”，“重成绩”而“不重道德素质”的问题，这对于构建良好的生态道德教育环境是不利的。

高校大学生在具备完善的生态知识体系之后，需要将生态知识与生活实践相结合，来进一步将生态知识内化为自身坚定的道德观念，这个过程需要一个良好的教育环境来保障，如果没有良好的教育环境，就会导致高校大学生虽然具备比较完善的生态知识，但是无法形成坚定的生态价值观，对于自身周边、国家以及全人类所面临的生态问题漠不关心，或者因为不良的教育环境导致大学生无法对于生态破坏等行为做出正确的判断。因此，改善大学生生态道德教育环境与高校大学生的生态道德价值观形成具有密切的关系，大学生生态道德教育环境可以促使大学生生态知识内化为坚定的生态价值观，而大学生正确的生态道德价值观也可以反过来促进大学生生态道德教育环境的优化。

1．优化生态道德教育环境

高校中青年学生是最多的，同时高校也是接受新思想最轻松容易的地方，所以大学生在面对生态道德观念的时候往往会比较容易接受。由于高校学生在价值观方面并没有完全定型，所以一些不太好的思想很容易对他们造成一定影响，从而失去正确的判断做出错误选择。想要将高校的这种教育环境进行改善的话，第一点就是在高校里面建立一些代表性以及示范性比较强的课程，从而给学生们提供优秀的教学资源，使教育课程能够进行得更加规范，让学生们可以有更加优秀的知识平台。

这样的课程资源能够让学生学到生态知识，通过组织学生积极参与与生态道德教育相关的活动，让学生的价值观不断完善，让学生们自发组织创立相关学习组织，然后在教育工作者的正确引导下进行相关的学习以及活动的创办，从而将更多的学生吸引过来。另外，在进行人才评价时，要把学生们的道德素质作为评价中的一部分，这样对于全面发展的理念也是有所贯彻的，在这样的条件下，先建立道德模范，以这样的道德模范为学习榜样，并将生态道德教育进一步发展起来。

树立校风时要把时代以及发展所需要精神进行相互结合，跟上时代脚步，树立起绿色环保的精神，大学生的启蒙教育一般都是通过家庭来进行的，家庭教育和高校教育是相互联系不可分割的，家庭教育比较优秀的话，对于后期培养生态道德素质也是有很大帮助，拥有优秀的道德素质能够给生态道德教育提供非常优秀的人才，所以它们之间的关系是很密切的，并且也在相互促进对方，不论其中的哪个步骤出现问题，对于教育的展开都是不利的。

家庭教育环境的创造需要父母以及子女一起努力，父母在面对时代的发展时，要积极去追寻时代的发展需求，实现终身学习，将自己的道德素质加强，对传统的教育观念进行转变，要让子女全面发展，和他们一起学习，使家庭道德教育得以正确进行。子女不仅要接受其他的教育还要和家庭教育进行对比，学习其中的精华，在理解父母的前提下，要和父母进行主动沟通，这样才能够创造出比较良好的家庭教育环境。

生态道德教育的主要由来就是社会现实，同时这也是其理念实现的地方。现如今，党和国家已经意识到生态环境发展的重要性，迫切需要将生态文明社会建立起来，发扬绿色理念。目前我国的生态文明建设已经迫在眉睫，人民群众在保护环境上也都有了新的认知，所以他们在面对生态环境的问题时会更加重视，这才出现了比较积极的环境体现。

2. 增强生态道德价值观

加强大学生的价值观，对于他们在新媒体时代的发展是很有帮助的，在面对各种复杂信息时，可以将不正风气抵制在外，还可以通过自身的道德价值观，改变这种不良的风气，这样可以促使他们在遇到生态环境被破坏时进行阻止，可以帮助他们在日常的生活学习中能够将不好的行为摒弃掉。

这种价值观念就像是掌握船行驶方向的舵一样，出现任何问题，对生态道德教育都是致命的一击，所以说，要将大学生的道德价值观进行提升，培养他们在面对不同环境时对各种行为都有一定的辨别好坏的能力。

第一，提升大学生的价值观，主要入手点就在高校之中。要建立良好的校风，这样才会对大学生的价值观造成潜移默化的影响。提升他们的价值观，对于校风建设来说也是非常具有时代意义的，另外，还可以在建设校风的同时，在其中添加生态道德教育这方面的内容，这样才能让校风具有的内涵更加与时俱进，让高校校风在面对环境恶化的情况时，能够跟上这种需求。

第二，想要提升大学生的价值观，就需要对教师的价值观也进行加强。教师是大学生学校中最主要的学习榜样，教师的价值观的提升与否对于大学生来讲是有着密切联系的，大学教师有着一定的正确价值观，并且可以通过课堂以及平时的沟通之中，将他们正确的价值观进行传播，大学生平时和教师进行交流时就可以受到影响。

将高校教师的价值观进行加强的方法就是在教师群体中开展道德教育，学校的领导要起到带头作用，对全校教师的道德价值观开展加强训练，建立一些荣誉奖励机制，让学生以此为榜样去学习，让全校教师都能够积极参与。并且组织相关的一些学习会，支持教师们可以将自己的学习心得进行分享，这样教师们的道德价值观也能够得到提升。并且可以将学习成果应用到实践当中去，对此，学校可以组织相关课题让教师们将他们的成果进行实践，这样能够很大幅度增强大学生的道德价值观。

第三，想要将大学生的道德价值观提升，还要注意他们的主体地位。他们在某种程度上是一种比较特殊的教育主体，他们的生态道德观对于高校的教育是有着直接影响的，他们并没有一定成型的生态道德观，很有可塑性，所以在开展价值观教育时，要及时去观察不良价值观对学校的影响情况，并针对这一情况进行及时处理，帮助大学生树立正确的价值观念。建立专门的评价机构，并对大学生的道德价值观进行定期检查，控制住不良的价值观，这样才能顺利进行道德价值观教育的开展。

(四) 加强高校大学生生态道德责任感

高校大学生生态道德责任感的培养是建立在大学生深切认同生态道德教育的基础之上的，如果大学生对人与自然界之间和谐共处的关系没有深切认同，生态道德责任感的培养将无的放矢，无从谈起，生态道德教育也无法真正落实。想要落实生态道德教育，培养学生的生态责任感，就必须要加强师生间的交流，通畅的交流系统，是教师向学生传授知识的必要保障，是生态道德价值向大学生生态道德责任感转变的基础，而教育载体越丰富，师生间的沟通和交流则越通畅。因此，想要让大学生对生态道德教育和人与自然界之间和谐共处的关系产生认同，首先要做的就是让生态道德教育的载体丰富起来。大学生正处于朝气蓬勃，充满探索欲望、好奇心充沛的年龄，他们追求潮流，对新鲜事物有很强的接受能力，因此，大学生生态道德教育载体要保持与时俱进，在丰富和完善的过程中，要充分考虑大学生的接受兴趣和接受能力，让生态道德教育载体真正成为推动高校大学生对生态道德教育和人与自然界之间和谐共处的关系产生认同感、培养高校大学生生态道德责任感的有效途径。

生态道德教育载体是大学生生态道德教育过程中，教师与学生之间交流、沟通、互动的重要媒介，我们可以把生态道德教育的载体看作架设在生态道德教育教师和高校大学生间的一座桥梁。伴随着人民生活水平的提高以及信息技术的高速发展，平板电脑、智能手机等各种便携智能终端已经得到普及，这对于大学生生态道德教育载体来说是一个非常好的完善与丰富的机遇，大学生生态道德教育应与时俱进，开拓进取，将这些信息技术融入生态道德教育载体中，增加生态道德教育载体对高校大学生的吸引力。

1．丰富生态道德教育载体

如果高校的大学生生态道德教育载体可以让学生产生足够的兴趣，那么生态道德教育的开展将会顺利、通畅许多，因此，当今时代高校的大学生生态道德教育的重中之重就是生态道德教育的完善与丰富。在完善与丰富生态道德教育载体的过程中，会涉及非常多的人员和内容，因此要把各方面的关系都处理好。

首先，大学生生态道德教育载体的完善与丰富需要相关机制的保驾护航，高校方面也应对此给予更多关注。为完善与丰富生态道德教育载体，高校应加大投入，完善大学生生态道德教育基础设施，优化大学生生态道德教育环境，让学生充分体会到自然之美、生态之美，从而促进大学生对大学生生态道德教育和人与自然界之间和谐共处关系的认同感的产生。高校应与当地的牧场、森林、旅游基地加强合作关系，为高校大学生的生态道德教育提高专门的教育基地，进而给大学生生态道德教育载体的完善与丰富打下坚实基础，为大学生生态道德教育载体的完善与丰富营造良好的环境。此外，高校还应对校内的生态道德资源进行深入调查、整理、研究和保护，把校园内的每一个湖泊、每一处池塘、每一颗大树、每一片草坪都融入生态道德教育载体之中。

其次，想要实现生态道德教育载体的完善与丰富，需要提升大学生生态道德教育的师资力量，强化大学生生态道德教育的教师团队建设。大学生生态道德教育的根本目的，是顺应素质教育的新潮流，为社会为国家培养高素质人才。因此，从事大学生生态道德教育的教师不仅要有扎实、专业的知识理论基础，还要有感知新时代生态道德教育动向的洞察力，和“为人师表”“以身作则”的自我约束力，要不断研究学习新的学术成果，把完善和丰富中国大学生生态道德教育的载体、体系、内容作为自己的职责和使命。生态道德教师要提高对自我的要求，不断提升自身的专业素质，改良自身的教育方式，强化自身的生态道德，让自己成为一个合格的榜样。

最后，在大学生生态道德教育载体的完善与丰富过程中，大学生作为教育活动中的重要主体，同样也需肩负起自身的责任。从事大学生生态道德教育的教师与接受生态道德教育的大学生是大学生生态道德教育中的两个最重要、最核心的参与者。为了让大学生生态道德教育载体的完善与丰富得以真正实现，在提升大学生生态道德教育的师资力量，强化大学生生态道德教育的教师团队建设的同时，还应充分发挥大学生的能动性，让大学生肩负自身责任，履行自身义务。大学生生态道德教育是一个学生和教师，逐渐接近、逐渐融合的工程，而生态道德教育载体就是实现这一过程的重要手段，如果生态道德教育载体能够在生态道德教育过程中发挥拉近师生关系、促进师生融合的作用，就会提升大学生生态道德的学习效果；如果生态道德教育载体无法在生态道德教育过程中发挥促进师生融合的作用，或者起到相反作用，就会影响甚至阻碍大学生生态道德的提升。大学生在接受生态道德教育的同时，应积极和教师沟通、配合，把自己的学习状态与教育载体的实时状态及时反映给教师，帮助教师把大学生生态道德教育载体向更好的方向调整。

2．强化生态道德责任感

生态道德责任感指的是，当看到、发现被破坏的生态环境时，能够积极地把恢复、保护生态环境的重任肩负起来的一种道德情感，是投入生态保护行动，为恢复和保护生态环境而无私奉献的精神动力，有了强烈的生态道德责任感，才能真正实现个体生态道德向个体生态保护行为的转化。大学生生态道德责任感的强化，需要以扎实的知识认知做基础，来保证在面对被破坏的生态环境，以及对生态环境可能会产生不良影响的行为时，能够做出正确、合理的判断。大学生生态道德责任感的强化，需要以良好的生态道德教育环境做支撑，让学生充分体会到自然之美、生态之美，从而促进高校大学生对生态道德教育和人与自然界之间和谐共处关系的认同感的产生。大学生生态道德责任感的强化，需要以完善而丰富的生态道德教育载体做保障，加强师生间的沟通和交流，提高大学生生态道德的提升效率。

想要实现大学生生态道德责任感的强化，大学生生态道德教师一定要做好生态道德实践活动的组织、引导工作，带领学生在广场、公园、景区等公共场所做生态保护志愿工作者，真实体验生态环境保护的辛苦，让学生体会到良好生态环境的来之不易，从而引导出学生对保护生态环境的责任感。

想要实现大学生生态道德责任感的强化，大学生自身也应肩负起保护生态环境的义务和权利。从事大学生生态道德教育的教师与接受生态道德教育的大学生，是大学生生态道德教育中的两个最重要、最核心的参与者，强化生态道德责任感的任务，相比于教师的组织和引导，大学生自己的参与更为重要。大学生的生活、学习都是在大学校园中进行的，一个良好的校园生态环境可以为学生的生活和学习营造惬意的氛围，相反，如果学生们处在一个生态环境恶劣的校园里，不管生活还是学习，都会受到影响。例如，高校中的刻画树木、践踏草坪等破坏校园生态环境的不良现象，之所以如此，是因为很多大学生缺乏主人翁意识，没有把校园当成自己的家，没有认识到保护生态环境的重要性和破坏生态环境会造成的恶劣后果，没有真正做好肩负起保护生态环境义务和权利的准备，没有真正培养出强烈的生态道德责任感。学校可以把学生生态环境保护的成绩纳入评价考核标准里，借此刺激学生主人翁意识的产生和生态道德责任感的强化。

总之，强化大学生生态道德责任感，需要社会、学校、教师、学生共同努力，紧密配合，充分利用各种生态环境资源和社会资源。广大的高校大学生生态道德教育工作者作为教育活动中的施教者和引导者，应谨小慎微、扎扎实实、兢兢业业地对待大学生生态道德教育过程中的每一个环节，让大学生的生态道德责任感真正提升起来。

（五）大学生生态道德教育实践体系

我国生态道德教育起步较晚，人民的生态环境保护意识还有所欠缺，因此，生态文明建设工作困难重重且任重道远。大学生生态道德教育作为大学生生态道德教育的主要途径，应积极完善生态道德教育实践体系，推动大学生生态道德教育实践活动的开展，通过实践锻炼大学生参与保护、改善生态环境的意识和能力，为我国生态文明建设培养合格接班人。

1．生态道德教育实践体系的完善

生态道德实践是对大学生生态道德教育成果的检验，是对大学生参与保护、改善生态环境的意识和能力的考核，是生态道德教育体系中必不可少的一个环节。大学生的综合生态道德素质将会在实践活动中得到升华。

相比于单纯的生态道德理论教育，实践教育的综合性、时效性和直接性更强，能够更快提升大学生的生态道德综合素质。大学生可以把社会教育、学校教育、理论教育的学习成果直接运用于生态道德实践活动中去，之前学到的理论知识是实践的基础，而实践反过来可以印证理论的真实性，促进大学生生态道德理论的内化，帮助大学生把生态道德理论知识转化为自身的生态道德理念。高校要充分调动学校内的各个部门参与到生态道德教育实践体系的建设中，大学生要积极参与各种生态道德教育实践活动，只有这样才能让高校大学生生态道德教育实践体系真的完善起来。

高校应提高对生态道德教育实践体系建设的重视程度，加大人力、物力等资源的投入，为建设、完善生态道德教育实践体系打好基础，做好保障。学校应积极开展相关实践活动，充分利用各种社会资源，把生态道德教育和学生的就业、勤工助学、志愿活动结合起来，循序渐进地把生态道德教育实践体系建设工作向规范化、专业化的方向推进。缺乏生态道德教育实践体系建设相关经验的高校，可以对已经取得一定成绩的高校进行借鉴、学习。

要完善生态道德教育实践体系，先要对生态道德教育实践活动的内容和形式进行合理的设计规划。高校大学生生态道德教育实践活动应将实践与理论，学生与教师，社会资源与学校资源进行有机结合，充分考虑大学生参与实践活动的各种情况，合理安排实践内容。

高校的生态道德教育实践应与社会接轨。学校应和地方政府相关部门以及相关社会机构建立长效合作关系，为大学生的生态道德教育实践活动搭建平台，积极为学生谋求检验自身生态道德素质，提升自身保护、改善生态环境的意识和能力的机会，通过建设生态道德教育实践基地，搭建大学生生态道德教育实践与社会生态环境保护与改善工作之间的桥梁，进而促进大学生生态道德教育实践体系的完善。

2. 保证生态道德力学笃行

完善的大学生生态道德教育实践体系是推动大学生生态道德教育实践全面落实，保证大学生生态道德力学笃行的基础和前提，通过实践锻炼，大学生的生态道德素质水平将会全面提高。大学生生态道德的力学笃行是整个生态道德教育周期中最重要的一个环节，是大学生认识现实和理论差异的必经之路，是为大学生日后步入社会，接触复杂多变的社会环境后心理建设打下的重要基础。

实践是大学生生态道德教育的核心与重心，是衡量大学生生态道德教育是否成功的唯一标准，是提升大学生生态道德综合素质的重要途径，是促进大学生生态道德教育实践全面落实的重要保障。大学生可以把社会教育、学校教育、理论教育的学习成果直接运用于生态道德实践活动中去，之前学到的理论知识是实践的基础，而实践反过来可以印证理论的真实性，促进大学生生态道德理论的内化，帮助大学生把生态道德理论知识转化为自身的生态道德理念。实践是大学生生态道德实践全面落实的根本。

一切的生态道德教育内容，只有由大学生自身去真正实践运用，才能得到更好的领悟。如果让生态道德永远只作为课堂中的教学内容不走出课堂，让生态道德知识只作为一个人的思想不去实践，那么生态道德依然只能停留在课本上。生态道德素质的提升，生态环境的改善，都需要扎扎实实的生态道德实践。

在推动大学生生态道德力学笃行的过程中，要不断总结经验教训，不断加强对生态道德实践调研的深度、细度和广度。通过调研，可以帮助我们找出大学生生态道德实践里的缺陷和问题，找到分析问题的方向以及解决问题的方法。调研是大学生生态道德实践全面落实的重点。

生态道德实践能给每一位参与其中的大学生带来宝贵的实战经验，大学生在实践中和实践后要多多反思，多多回顾，善于总结，勤于归纳，把从生态道德实践中获取的经验和得到的教训全部转化为自身生态道德综合素质提升的养分。教师也应积极总结生态道德实践的经验教训，以便在下次生态道德实践活动中起到更好地引导和指导作用。总结是大学生生态道德实践全面落实的关键。

第三章　大数据时代大学生道德教育的重要性

大据时代的大学生面临着多种多样的诱惑、挑战、机遇和选择。这就需要大学生具备对网络信息的甄别能力。本章围绕大数据时代大学生道德教育的重要性，阐述大数据与大数据时代，对大数据时代大学生道德教育的主要问题及对道德教育的重要性进行探讨。

第一节　大数据与大数据时代概述

一、大数据与大数据时代的定义

信息技术的飞速发展将人们带人了一个全新的时代，面对海量信息和数据，首先需要准确把握大数据和大数据时代的定义。

大数据就是指海量数据和信息，人们通过计算机软件对海量数据和信息进行挖掘、分析、处理、应用，从而使信息变为资源、资源转化为知识、知识产生价值。

时代是根据经济、政治、文化等状况而划分的历史时期。在人类社会发展的历史长河中，以工具为标志，随着工具的进步与变革，人类社会的发展经历了不同的时代。据此，大数据时代就是指以大数据为核心的技术、管理、应用和研究等为标志的人类社会发展的新的历史时期。

二、大数据时代的主要特征

目前普遍认为“大数据”具有四 V 特征，即数据量大(Volume)，数据类型多(Variety)，价值稀疏性(Value)，速度快(Velocity)等。大数据开启了一次重大的时代转型，人与自然、人与社会、人与人之间的关系将衍变为数字化生存的关系，而大数据时代也将展现出其独有的特征，具体表现在九个方面。

(1) 泛互联网化。大数据时代，计算机成为人们生活中必不可少的一部分，计算也不再局限于桌面，人们可以通过手持设备、可穿戴设备或其他计算设备无障碍地享用计算能力和信息资源。人对人、人对机(物)、机对机有效连接与通信，有线与无线、固定与移动并存并相互连接，各种网络如通信网、计算机网、广播电视网等逐步协同、融合，计算机功能普及、网络连接普及、服务共享普及。

(2) 数据化。大数据时代，社会数据化成为必然趋势。人们在信息传播、人际交往和日常生活中，通过沟通、传播与保存，将一切客观存在均处理为数据，进而整个社会成为一个庞大的数据库。数据从知识的保存形式变成社会的组织形式，人与自身、人与人、人与社会之间的关系由数据所取代。大数据时代的数据，不再是简单的符码信息的堆砌，而是人类社会的数码符号，社会结构呈现出了以互联网为框架的数据化形态，传统的人际关系、信息交流衍变为即时、迅捷的数据交换。

(3) 多元化。大数据时代，各种数据不断汇聚，数据集呈现不同特征，数据类别和格式多样，使得海量数据能够凸显出事物的多方面关联性，显示出多方面的信息内涵。大数据时代，全媒体趋势、信息媒体化趋势进一步加强，从而体现出百花齐放的多元化和多样性。

(4) 可量化。大数据时代，所有数字可以转化为参与计算的变量，信息可以成为进行统计或数学分析的数量单元。文字变成数据、方位变成数据、沟通变成数据、人从身体到心理实现自我量化，世间万物都变成数据，世间一切事物都可以作为“变量”，接受数学分析，实现潜在价值。从社会化的个体主动运用数据开展认识自我的实践开始，人类认知领域全面数据化。庞大的数据资源使得学术界、商业界、政府等各个领域开始量化进程。

(5) 个性化。大数据时代，对海量数据的分析挖掘，可以发现、提取有价值的数据图谱和趋势性信息，为各行业提供预测、趋势分析的前瞻性讯息，为各行各业提供决策的依据和制定策略的参考。海量数据是一种共享性、开放性的公共信息资源，大数据时代的文化共享、民主平权，使得每个人都可以从“云”中海量的共享性数据资源中调用、择取自己所需要的数据进行挖掘、分析，为己所用，从而真正地实现个性化发展、满足个性化需求。

(6) 互动性。大数据时代，人一人、人一机、机一机之间将实现全面互动。互联网实现了无距离互动，移动终端实现了时空互动，物联网实现了设备互动。信息和数据在各种互动中实现交流和共享，在不断传播中相互影响和相互作用。而人们则可以根据自己的需要和偏好，随时控制信息、信息量和信息呈现的秩序。

(7) 开放性。互联网、云计算等信息技术为大数据时代提供了便捷的共享手段。移动终端、智能手机、摄像头以及其他诸多的信息采集设备和存储设备将海量数据置于公共空间，数据的对外开放为公众共享信息提供了基础。大数据时代是一个开放的时代，一切都被置于“第三只眼”中，分享、共享成为共识，社会将呈现出透明、公开、有序和生机的特征。

(8) 预测性。大数据时代，依托多维度、多来源、多形式的海量数据和挖掘工具与分析技术的深度、广度与精度，通过海量交叉验证征兆与变化规律、发掘事件概率，做出较为精准的预判、预测，将引领人类无限接近控制未来的终极梦想。大数据时代的预测性，将迅速变革商业模式、推进生态永续、实现低成本个性化教学并促成科学研究从假设推动到数据推动的全新转变。

(9) 智能化。大数据时代，管理对象的属性信息(身份识别、编码、人体特征等)、个体状况信息(体温、血压、位置等)及环境信息(温度、湿度、雨量、压力、加速度、震动等)等通过无线传感、自组织网等末端网络准确收集，及时接入网络进行实时分析处理，最终处理结果智能化地呈现给人们。不同网络、不同设备、不同服务在任何时间、任何地点、对任何人高度紧密连接，对感知数据的认知分析和处理，将实现智能化服务。

第二节　大数据时代大学生道德教育的主要问题

科学技术是历史进步的牵引，科学技术的进步不断地改变着人们的价值观念，它通过提高人们对自然界的认识水平，而不断地为社会道德的进步营造积极向上的氛围。如今，互联网技术、信息技术、大数据技术等的飞速发展把社会各部门、各行业以及各个国家和地区联成一个整体，一方面为大学生道德进步提供了难得的机遇，另一方面又对他们的道德水平提出了新的挑战。

一、大学生道德教育的认识

(1) 关于道德。由古至今，我国历来十分重视对人的“德”方面的培养与教育，中外学者对“道德”和“道德教育”的内涵也进行了深入的考察。

道德的概念是伦理学研究中的一个基本问题，对其内涵的考察，也是大数据时代大学生道德教育的逻辑起点。然而在不同社会、社会的不同发展阶段对此均有不同的认识。中国古代的道德概念包含有道德规范和个人品性修养，通常以“道”为体，以“德”为用。

道德既是社会调节的一种特殊手段，又是人实现自身统一、精神完善的一种特殊方式，他始终植根于人和社会不可分割的联系之中，是一种特殊的社会价值形态。同时，道德反映了人们的社会关系，是调整人们相互关系的行为规范的总和。如王海明认为：“道德是社会制定或认可的关于人们具有社会效用(亦即利害人己)的行为应该而非必须如何的非权力规范；简言之，也就是具有社会效用的行为应该而非必须如何的规范，是具有社会效用的行为应该如何的非权力规范。”[①]万俊人认为：“所谓伦理，则是指调节人际关系行为、包括由其扩演外化的人与社会或群体和各群体之间的关系行为的价值原则和规范。”[②]倪愫襄指出“可将道德定义简化为：道德即是非强制地调节社会性关系的规范”。[③]

当代道德表现为道德是动态发展的行为规范，是人的行为属性；道德应促进社会和个人的共同发展，道德的实现需要社会和个人的共同努力。

因此，道德就是基于人类理性与情感的同质性，为了维护人们的基本权益而自然形成和自觉建构的，被人们所普遍认同与接受的，依靠内心信念所共同遵循的正确的行为规范。

(2) 关于道德教育。孙喜亭在《教育原理》一书中指出，道德教育是“教育

---

① 王海明．新伦理学[M]．北京：商务印书馆，2001．

② 万俊人．现代性的伦理话语[M]．哈尔滨：黑龙江人民出版社，2002．

③ 倪愫襄．伦理学导论[M]．武汉：武汉大学出版社，2002．

者按照一定社会的要求，通过特定的教育活动，把特定社会的思想和道德规范内化为受教育者的思想意识和道德品质的过程”。[①]这个定义虽然在一定程度上体现了受教育者对自身体验特定道德规范并身体力行的积极主动的态度和行为，但是，在受教育者主体性、创造性日益增强的情况下，以上观点普遍忽略了这些方面的作用，没有显示出受教育者的内在特点。

随着主体理论研究的不断深入，学者们开始关注受教育者的主体地位，提出“教育工作者组织适合道德教育对象品德成长的价值环境，促进他们在道德价值的理解和道德实践能力等方面不断建构和提升”，这种观点就指出道德教育的过程就是受教育者自身在道德等方面不断建构的过程。

综上所述，道德教育，主要指教育主体依据社会公共道德准则和行为规范，结合时代特征，促进受教育者的道德不断建构和提升的一种教育活动。

二、大数据时代大学生道德教育的界定

大学生在大数据的时代影响下，展现出了乐于思考、爱好接受新鲜事物、适应能力强的性格特点。学生进入大学后，与之前长期居于一个地方不同，年龄的增长带来更宽泛的自主活动，对长辈的畏惧也在逐步削弱，与此同时，他们将更多期待以自我为中心的生活，追求标新立异的网络空间。大数据在这方面便给予他们巨大便利，网络技术不断增强，网络普及度不断提高，这让大学生的网络参与度大幅度升高，在目前的高校环境中，学校多个区域都存在着网络，例如教学楼、实验楼、学生宿舍等，甚至一些高校更完成了“无线网络”的整体覆盖，并且在逐步扩大其应用领域，让它不再只是局限于学习以及科研之中，进一步加强其在购物、娱乐、就餐等中的作用。大数据高速发展、网络普及度愈发升高，对于大学生道德教育的影响是双面的，积极的方面在于拓展了他们的教育方式、教育内容；消极方面在于信息的广泛性带来的取舍不当等。

“大数据时代大学生道德教育”强调，在大学生的道德教育过程中去充分发挥大数据的优势，促进教育的发展进步，其中需要特别注重社会公共道德准则、

[①] 孙喜亭．教育原理[M]．北京：北京师范大学出版社，1993．

行为规范对教育主体的约束性，在保证这些必要要求的前提下去实现学生的道德建构、道德提升。但是两者的结合过程中存在一些不足，其中最为典型的是，大数据技术下社会形态模式的组成和转型将会作用在学生个体的生活方式、思维方式、行为方式、伦理道德价值观等方面，这些因素在很大程度上制约着大学生道德教育工作。

大数据充斥的社会，计算机、网络已经成为大学生必不可少的生活元素。大数据对于大学生的作用是巨大的，包括信息存储、信息传播、信息获取、信息表达、人际沟通、人际交往等，与此同时大学生的道德教育工作也借助大数据得到了极大的进展，它有效加强了教学方面相关信息获取、信息分析，还能够较为准确地估测学生动向、定制恰当教学方案，这些作用在很大程度上加强了学生的个性化教育，促进了学生的个性化进步。

三、大数据时代大学生道德教育的问题

大数据时代是包括了互联网、移动互联网、工业互联网、传感网络、物联网、人工智能等在内的综合体网络，它对大学生的冲击不仅仅是技术上的，更深层次的是对生活方式、思维方式、行为方式乃至伦理道德价值观等的冲击。大数据时代构造了一个新型社会，这个新社会具有虚拟性、开放性、交互性、公共性，它使得大学生道德教育遭遇了一系列的震动。

（一）泛互联网化

泛互联网是指使信息和服务通过当下可能的技术和手段在计算设备、通信设备、机器、人之间传递和交付的网络，包括物联网，车联网，人工智能等相关网络技术和设备。泛互联网化使得大学生随时随地可以通过任何应用软件与网络联通，超速发展的网络技术和正在到来的大数据时代对大学生道德产生了一系列的冲击，解构了他们道德认知的构架，转变了他们的认知内容和认知方式；使大学生的道德情感在网络的泛化传播中更易于激发，表达也更具网络化、数据化的特点；大学生道德行为更加简捷、快速、低成本，同时也更趋于随意、盲目和非理

性。大学生道德教育的泛互联网化主要表现在如下方面。

(1) 大学生道德认知解构方面：一直以来的主流道德观念都在强调单一性，目前从充斥着大数据的社会来讲，过度强调单一的道德观念正在逐步转向多元性。信息全球化世界局势之下，多元价值观、社会多元意识形态更直接地展示在人们眼前，在这些信息影响之下，大学生之前固守的道德受到影响。在网络世界中他们学习了与之前教学中所不同的道德经验，让网络世界的道德经验占据了主体位置，让网络传递的立体网状积累型传递取缔了现实环境的线形积累，实现了一种“自上而下”的定向道德灌输手段，甚至在这个全新的传递过程中，让多种多样的道德观在此汇集，让道德信息的处理难度进一步增加，使得网络中道德边界模糊，对于大学生的正确道德辨识是极其不利的。

在大数据普遍盛行的社会里面，网络中的道德内容表达呈现了随意性、暂时性、个性化的特点，这很大程度上基于网络虚拟空间的特性。在科技不断发展的时代进程下，信息社会愈发显著，所以让大学生在生活里面进行对应的道德教育尤为重要。在当今大数据技术以及网络空间数据共享平台高速普及的同时，“快速消费”愈发大众化，以至于大学生所接触的道德标准由单一转向多元，道德认知由整体转向碎片化，道德准则强调个性化追求。

传统社会下的道德观念，由文化、地域、民族等各个方面共同影响形成，所以在结果上表现了强烈的独特性，种类之间表现了巨大差异性。大数据时代影响之下的道德观念，信息传播迅速，道德信息多样化，大学生能够在自己的兴趣导向下进行合适的选择。就道德条目中正统、封闭、有碍个人发展的条目学会舍弃；进一步加强学生“个体本位”的道德认识，削弱之前的“社会本位”。就目前来看，整个教育工作呈现了一种“道德教育快餐化”的状态，道德教育关注的中心也由宏观社会转向了微观个体发展。

(2) 道德情感转化方面：由于大数据影响下的道德教育学习开展在虚拟平台之上，对于现实情况下的道德情感展现，两者必然存在巨大差异。数字化传播方式能够带给大学生越来越多的道德信息、道德信息呈现手段，而且在这个学习过程中，学生极易受到相关文字、视频、音频等多种载体影响，道德情感会发生“立体化”形式，最大限度地实现整个表达的效果具体化、扩大化，这与传统的道德教育形式下的道德情感感知是不同的。

除了上述情感转化存在缺陷以外，“虚拟场域”的数字化道德信息传播使得大学生的“道德移情”不足。道德移情，是学习者自身将得到的道德情感运用到实际的生活应用中必不可少的一部分。而在虚拟世界中存在着的大量约束条件，例如：①“快餐式”的道德体验、“同质化”的道德信息、浮夸的道德事件、网络化的道德传播加大了网络的选择、过滤、删减负担，大大降低了道德信息的可靠性；②信息传递过程较多，其中的“所有人面向所有人”的社会化传播方式、多个把关人的解读、广泛人群的宣传扩散都极易造成信息的错误化，更有甚者会得到完全相反的道德信息表达，进而使得学生自身消极意识地感同化；③网络传播呈现“反反复复叠加式”网络，大大降低了学习者的好奇心和学习兴趣，使得道德重视的“敏感度”减弱，最后钝化使发自内心的道德移情难以实现。

大数据时代带来了地域空间的扩大化，有力提高了数据的大量存储、随时获取、高效利用的效果，极大促进了大学生的道德体验、情感表达。现在的数字化传播极具多元化、高速化、质量化、便捷化，以至于就算相隔很远的地方，也仿佛在现场一样去感受到事件发生。大学生道德情感表达愈发的“符号化”，特别是利用标点去形成多种多样的表情文字、动画图像、火星文字等网络语言，在大学生之中普遍盛行，大学生个体形象、个性经过网络的无限循环之下淡化至消失，在此之上辅之以视频、音频的模拟过程，让大学生产生了强烈的视觉冲击，有效释放了大学生的道德情感。

(3) 大数据时代大学生道德行为异变。大数据时代，虚拟世界的数字化、符号化，对大学生的道德行为产生了一定程度的影响，从而使之发生了异变。网络传播的双向互动与无中心传播，出现了道德信息传播的“泛化”与“碎片化”。道德行为的实施借助便捷的网络之手更加高效、快捷、低成本，加之网络社会的匿名性特点，大学生在这张无形之网的掩护下责任意识下降，因此，道德情感所引发的道德行为，如果缺乏理性的引导，将带有一定的随意性和盲目性，这不仅大大增加了大学生道德行为的发生频率和参与度，并且这种行为还能够通过网络得到快速的传播，这就使得大学生在网络社会中的道德行为演变成一种集体性的道德参与，这种道德参与中既有正向的影响力，也有负向的影响力，必然在一定程度上增加大学生进行道德识别的难度，为大量不负责任的道德行为埋下了祸根。

大学生是道德信息传播的主体之一，他们在虚拟世界中个性更加彰显，互动更加便捷。互联网不仅让学生能够大胆发声，它还将“陌生人群体”取代了“熟人社会”，这种网络陌生人群体都是由具有共同兴趣、偏好和话题的人组成的。刻意标新立异、张扬个性的大学生，最容易去盲目地跟风、从众，于是网络成了不受控制的自发行为的集中爆发地，这种自发的网络行为却能够在瞬间产生超乎想象的影响力和巨大的轰动效应。

这种网络社会的“无拘无束”与现实社会的“不自由”形成强大反差，传统的道德信息传播路径是自上而下的，这在大数据时代被彻底打破，这种反差对大学生道德教育产生的后果是无法预测和估量的。由于主流意识形态和道德价值观是属于精英和权威主导型的，因而受到质疑，相比较现实社会，网络社会中平凡的普通人做出的道德行为更加引人关注，面对不受控的道德行为，网络监督则显得力不从心毫无施展之处，大学生进行网络道德情感表达、付诸网络道德行为的阻力减少，因为网络中的道德行为基本要依靠个人的内省和自律来完成自我监督和自我约束。网络不再是道德评价的一言堂，因此，如果网络社会中传播的都是善意善行，那么，即使是再微小的道德举动、再微弱的道德声音，通过网络的交汇都必将促进了大数据时代道德的发展。

（二）教育者道德教育地位的弱化表现

随着大数据信息技术的发展，人们的生存方式和交往方式发生了重大变革，计算不再只和计算机有关，它将决定生存。大数据时代，网络虚拟在大学生道德教育领域的影响就是使得教育主体的非主体化现象突出，使教育者的地位呈现弱化的趋势。教育者道德教育地位的弱化主要表现在四个方面。

(1) 道德教育、道德接受具有非对称性。具体表现在：①大学生的道德接受过程只是一项认知项目，他们可以有选择地进行，而且选择的基础建立在教师的道德态度、道德认知上面，整个过程学生居于主动地位，而教师过于被动；②从道德教育来说，与科学知识强调“书本”不同，无法达到一字不落的教学，基于这种情况，学生更加会选择性接收；③大数据影响下的社会，开放化、多元化程度更高，人们已经不再遵从曾经的“教育者的道德灌输同受教育者的道德接受的平衡”。

(2) 教师丧失知识垄断者的地位。之前的道德教育过程里面，传统道德教育采取“美德袋”式的灌输法，学生表现得乐于接受，教师是整个教学过程的垄断者、实施者。当今的社会，科技水平逐步提高，教育逐步趋于大众化，知识愈发数据化、信息化、网络化，教学者不再是单一的教师，这极大影响了教师的垄断者地位。诚然，教师这个职业的发展，包括知识广度、知识深度都是无法和科学技术的日新月异、网络社会的包罗万象所比及的，这种现象尤其表现在一个国家的综合实力增强之后，教育手段的多种多样，包括社会办学出国留学、特长培训、在线教育、机器学习、深度学习等，都在削弱教师的作用。

(3) 颠覆教师的道德权威者地位。传统的道德教学工作中，教师是道德知识的传授者、学生理想的道德化身。当今社会，全球化趋势逐步增强、文化愈发多元化、信息愈发网络化等有力冲击着教师的权威地位，这个时候的大学生有了道德困惑，他们也意识到了这种对称关系、教师地位的改变。但是一元化的道德评判标准中，强调教师为主的社会已经发生了变化，以教师的道德评价标准定义学生共同遵循的行为准则的情况也发生了变化，现在的大学生追求的是标新立异，这极大背离了上述的评价标准，而且在这个自我追求过程中，一些学生的道德取向是不恰当的。在这种情况产生时，假设学生可以进行自我反思，针对自己的道德意识、道德标准、道德行为方式进行检讨，那么或许会重新建立教师的道德权威地位。而上述的这种乐观看法恰恰是当代大学生所没有的，相比上述态度，他们更热衷于自身的个性化表现，在这样的情况下，教师的道德权威性地位逐步被颠覆。

(4) 大学生发展体现个性化趋势。凭借大数据、网络的高效性，大学生努力实现自己的思想独立、行为独立、选择独立，追求着多变性、差异性、兴趣导向性，完成随时随地自信的表达观点、见解；与此同时强调个体的自我意识、自强意识、创新意识、成才意识、创业意识，实现才华的支配。而大数据时代的到来，恰恰提供了大学生实现这些目标的机会，包括智能手机、平板电脑等移动设备，其中最典型的 QQ、微博、微信对地域、时间不具有限制性，使得学生可以根据自己的需要发展个性化，包括自我设计、自我认识、自我评价，这三个内容可以有效促进他们的个性化选择、个性化设计、个性化判断；就涉及的道德问题来说，学生就事论事可以体现个体的价值观、道德看法。

(三) 学校道德教育功能的衰减表现

人才培养、科学研究、社会服务、文化传承创新是目前公认的高等学校的功能和作用。无论从中西方教育的历史事实看，还是从历来的思想家、教育家对教育在学校的重要性地位的论述来看，道德教育在学校中无疑具有非常重要的地位，甚至可以把它放到核心的地位。然而随着大数据时代的到来，道德教育的功能开始在学校发生变化，这种变化直接影响了道德教育在学校的地位。道德教育在现代学校中地位的衰落大大影响了其作用的发挥。学校道德教育功能的衰减表现主要表现在三个方面。

(1) 学校道德教育地位的边缘化。纵观国际国内、上下历史、国家社会，道德教育在学校教育上都不容忽视。道德教育属于一个国家文化事业的一部分，它与一个国家的经济、科技相互影响，所以学校的这门教育开展将会作用于国家的经济科技之上，它所承担的是国家和社会的职能。一个学校的道德教育内容还需要强调反应所在国家的主流价值观。

(2) 网络对于道德教育学习的普遍性。大数据影响下的社会，虚拟的数字化充斥着大学生生活，大数据时代带来了地域空间的扩大化，有力提高了数据的大量存储、随时获取、高效利用的效果，极大增强了大学生的道德体验、情感表达，促进了大学生生活方式、学习方式、交往方式、思维方式、道德观念、行为规范的转变；基于云计算、大数据等形成的全新信息社会，使得以前通过血缘、地缘建立的集体、社群被大众小众化、社群虚拟化的相同爱好、个性特征、价值追求的形成者所替代；单一的音视频物件“电视”丰富为“大众传媒”；手机、平板电脑等智能终端范围愈发广泛；从上述这些变化之中，可以看到网络平台对于大学生道德教育的重要性。但是现在的道德教育存在着很多缺陷，例如知识、价值趋于多元化，加剧了学生选择的难度；网络与家庭两者的教育作用协调不够，家庭教育位置递减；学校教育的权威地位下降。

大数据时代的网络产生了显著的多元价值观，这使得传统的一元价值观发展困难，加上学生在现在的价值观上体会着选择的开放、自由性、高效性，进一步加剧了冲击的力度。从目前网络对大学生的道德教育教学来讲，还存在着很多缺陷，例如，如何实现线下的有限约束与学生的线上自我行为相结合？如何实现社会舆论、传统习惯对大学生的高效约束？强制灌输范式的道德教育如何适应现在的社会？三者的答案都在于强调“内心”的约束作用。

数字化生存方式孕育着“个体主体性时代”，大学生处于一个多元化、数据化的时代之下，凭借大数据、网络的高效性，可以实现自己的思想独立、行为独立、选择独立、随时随地自信地表达观点、见解；增强自我意识、自强意识、创新意识、成才意识、创业意识。大数据时代的网络社会，人际交往模式发生了巨大变化，产生了人，人一媒介一人的差异性特点，强调了其中的媒介作用，注重信息技术的“非人格化”，淡化它的瞬时性、“非纸化”性，在这种形势下，人际交往愈发得简单化。随着这种交往模式的展开，大大解决了大学生的“缺场”困境，使得它们根据个体所处环境和需要，有针对地实行选择、判断、行动。与此同时，大数据时代的网络社会有力地增强了道德话语的重要地位(权力强者愈强、弱者愈弱)，基于此种考虑，对于学校的道德教育工作，应该特别强调大数据技术、网络的使用度，进而形成满足于他们进行学习的“健康社区”，以便实现大学生准确的信息判断、选择，同时增强个体的融入度。

(3) 大数据技术造成了学习革命。从现代大学出现那天起，“人才培养”从始至终作为高等教育机构的中心出发点，又凭借着大学组织极高的稳定性特点，保证这种核心不曾动摇过，而且在这个过程中，一直是教师教、学生学的教学方式。随着全球化进程的高度发展，各个地区的距离不断缩小，甚至产生了“地球村”

的说法，于是多种多样的教学手段融入课堂，知识呈现除了多元化、复杂化的特点，而且相关的静态性、组织性的“调配知识”研究人员也在发生着动态、多元的转变。随着大数据时代普及，人类知识建构方式与之前有了巨大差异，与此同时不同的还有知识取得的手段。在网络信息技术高度发达的今天，知识传播方式多种多样，尤其是在线教育平台的开发、开放、应用，极大促进了教学的发展，包括它其中所展现的组织松散、快速高效、非结构化、学习者即主动者的特征。其中对于目前的教学工作起到重大作用的，还有教育部在线教育研究中心、东西部高校课程共享联盟等，它们都将实现大学优质课程的最大限度开发、共享，实现教育的最大化发展创新。

在线教育与学习可谓是给教育系统带来了革命性的变化，大学几个世纪以来的人才培养和教学方式必须做出反应。大数据时代，大学生选课更加自由，无论他们是否接受学校教育，都可以享受到最优质的教育资源，其中很多教育资源还来源于国外高校。大数据时代知识将无处不在，其必然会对道德教育课程提出挑战。教育资源正在经历平台开放、内容开放、校园开放的时代，未来的教育也许就发生在学校之外。

第三节　大数据时代大学生道德教育的重要性

大数据时代的到来，全球化、信息化和市场化给正处于社会转型期的中国带来了全方位多层次的挑战，同样也给大学生道德教育带来了前所未有的机遇与挑战。应对这种机遇和挑战既是大数据时代的必然要求，也是促进大学生全面发展的必然要求，更是实现教育信息化发展的必然要求。

一、顺应大数据时代机遇与挑战的必然选择

大数据时代的大学生既生活于现实物理空间又生活在网络虚拟空间，顺应大数据时代带来的机遇与挑战，是大学生道德教育的必然选择。

(一) 面临的机遇

大数据时代，教育的理念、内容、方式、时空等均发生了变化，大学生道德教育也必然需要做出反应来应对这种变化。

(1) 树立整体育人的教育理念。大数据时代大学生道德教育需要树立整体育人的教育理念。大学生在网络社会进行的虚拟道德实践活动，是包括利用网站及应用软件发布、选择、整合、优化信息等的活动，这些活动的主要内容均以道德信息为主。现实社会中开展的道德教育，其主要载体通常是语言、文字和人的榜样行为，虚拟社会中开展的道德教育，其主要载体则是符号、数字、图形、声音、影像。无论现实道德教育与虚拟道德教育的载体存在多大的区别。教育的目标、内容、原则基本是一致的，就是对大学生进行道德方面的培养和教育。大数据时代的到来对学生的学习、成长、成才起到巨大推动作用的同时，也给大学生带来了诸如思想、心理、道德等方面的新问题。大数据时代大学生道德教育的整体育人理念，就是根据学生道德养成的规律、和大数据时代的特征，创新大学生道德教育的原则、内容、方法、措施、机制，形成具有大数据时代特征的大学生道德教育体系。

(2) 对于网络中道德教育的内容进行扩展。在现如今的大数据时代当中，对于大学生新型道德方面的教育也需做出相应转换。其内容不再仅仅局限于明确的物理空间，而是从物理与虚拟空间相互融合的角度来选择教育内容。现如今，全世界各个国家的文化、经济、政治、教育等方面都在接受着信息化与网络化的影响，其中以思想文化层面最为突出。道德教育的信息内容可以通过网络快速进行传播，这也使得不同文化思想的传播更加迅速和便捷。同时也有可能会未经考证便直接传送至大学生。随着信息量的不断增大，其中具有相似性及普遍性的，并且摆脱了单调与贫乏的不足的内容和价值观的道德信息，则在逐渐的沉淀中保存下来，并最终成为当代道德教育的最新理念。这些理念间是具有联系且互相支持的。网络能够超越时间和空间的限制，让大学生可以在任何时间和地点对于道德信息进行获取。通过自主行为，以及自身判断来进行选择，最终明确自身的发展方向、目标以及行为准则。这也使得具有个性化要求的大学生，能够有学习满足自身需求的道德准则。在如今的大数据时代中，要求我们明确人文和科技之间的交叉结合点，并以此为依据，对于学生的道德教育进行开展，最终实现内容和形式之间的完美融合。

(3) 在对教育方式进行明确时需要注重选择的自主性以及方向的多样性。传统道德教育过程中所教授的信息是由教师进行选择和筛取的，学生只需被动地进行接受即可。正因如此，师生间的协作极其稀少，整个教育是单向且被动的。随着科技不断发展，这种教育模式已经无法适应当今时代对于教育方式的要求。在当今大数据时代当中，对于道德教育方式的选择，需要保证其多向性及自主性，即要求教育者对情景进行真实模拟，然后通过网络将对于学生有益处的内容进行深度挖掘与分析。通过与教育的接受者，对不同教育观念进行深刻的讨论，以及思想的分享，进而产生思维碰撞并最终帮助大学生构建自身的道德认知。在这种教育方式当中，教育者的态度更加诚恳，且与受教育者平等。采用刚柔并济的方式，放宽教育环境，充分重视教育过程中的交流与沟通，让大学生能够认识到自己的人格尊严和意识得自己到了充分尊重。最大限度上满足他们的诉求，以及自身的个性选择，这种对于切入点十分明确的教育方式，可以帮助学生解决道德中的困惑，并促使其正确的道德观和道德行为的形成与实施。

(4) 发展社会、学校、家庭与网络相结合的教育时空。大数据时代大学生道德教育的时空是社会、学校、家庭与网络相结合的教育时空。从社会的角度来看，网络使地球成为“村”，它打破了地域、年龄、经济能力等对教育资源消费的禁锢，整个社会逐渐联为一体，平等公开、共享民主的大数据时代，大学生道德教育就与社会的联系更加密切，因而它逐渐地走出了校园，开始根据社会的需求和人的全面发展的需要，进行教育内容和教育方法方面的改革，社会对大学生道德教育的影响和制约作用在增加，因此必须营造好大学生道德教育的社会“大环境”。从学校的角度看，学校必须主动适应大数据时代的发展与要求，为大学生道德教育活动的顺利开展提供软硬件保障。高校要对大学生道德教育的数据进行合理的收集与管理，因此教育者就不但要具备网络知识、了解网络、运用网络，具备数据意识、数据能力，为了解决大学生道德教育面临的新挑战和新问题，还要学会将技术与教育有机结合起来，如积极建设“数字校园”“智慧校园”，为大学生提供更加便捷的获取教育信息和资源的方式；建立优秀的校园道德教育网站，对大学生加强正面宣传引导的广度和深度；加强对大学生网络行为的监督和管理，最终建设好大学生道德教育的学校“主阵地”。从家庭的角度来看，大数据时代网络社会的发展对家长的教育能力也提出了一定的要求。要求家长主动掌握网络基本知识，能够通过网络与学生交流，能够引导学生正确处理网络人际关系，对学生的网络行为进行监督，积极配合社会和学校，做好“把关人”工作。

（二）面临的挑战

大学生道德教育有着悠久的研究历史、丰富的研究理论和大量的实践经验，大数据时代的到来，对教育者和教育研究均提出了挑战。

1．对教育者提出的挑战

教育当中的因果关系，一直以来都是备受关注的重点。学生的思想意识会对其行为进行直接的指导和指挥，并且以此为依据进行数据分析，进一步得出相关结论。在现如今的大数据时代中，大量的数据往往使得教育者忘却了教育过程中的“因”，使得因果关系被逐步淡化。在通过大数据对学生道德教育分析时，教育者既要专业知识和能力充足，同时也需要具有能够深度挖掘数据的能力，以及思维上的创新等。同时，教育者还需要具有数据分析以及深厚的教育能力，才能够面对现如今多学科集成的各种分析平台。如果教育者的数据挖掘与分析能力不足，那么在面对大数据分析时，则有可能无法有效对学生的发展趋势与方向进行准确分析预测。如果分析者对于学生的道德教育不够充分了解，那么在进行大数据角度分析时，就很难发现其中隐藏的道德教育规律。

从技术角度来讲，当前应用大数据对大学生道德教育进行分析，是具有一定难度的，需要大数据库支持，并以此为基础对道德教育的问题以及现状来进行分析。但得出的解决问题的方案还无法顺利实施，其原因是大数据库的组成部分包含关联的子数据库，各个子数据库之间，语义格式需要有效的兼容才能够实施，这就需要人工介入。从另外一个角度来讲，现如今已经获得了大量的道德教育相关数据，这些数据可能会在导致教育者在进行新的分析时产生盲目地自信，并以此对结果进行预测，进而有选择性地对数据进行选取和整合。在整个过程中，教育者应对自身数据分析处理能力不断进行提升，这样才能够在大数据当中对信息的可靠性进行验证，并挑选出有用的、有益的信息。并且，数据的数量并非一切的标准，需要自身丰富的经验和时间作为基础，提升专业水平，从而找出可靠的因果关系数据。进而确保质量的优良性、分析结果的可靠性。只有数据可信度得到保障，才能够在对大学生道德教育进行分析时，发挥最大作用。

2．对教育研究提出的挑战

随着大数据技术的不断普及，对于大学生道德教育进行研究的方式也在不断地发生变化。在整个研究过程中，大学生是主要的研究对象。在既往研究过程中，数据采样是困难的重点所在，因为人的情感与行为是很难进行量化的。也正因如此，对于数据采集的真实性以及其中存在的困难，成为对大学生道德教育进行量化考证的两个阻力。教育的主要目的为立德树人，在现如今的大数据背景下，科学技术不断地发展，突破了瓶颈期，也使得教育者能够采用现在的技术来进行量化研究，收集大量大学生的情感与行为方面的数据。这使得包含情感的教育，能够给量化的数据进行描述，这些数据也在量化研究的过程中起到了强大的支持效果，也要求研究者在进行大数据分析时，具有相应的大数据素养。需要注意的是，教育者和研究者对于量化研究方式的掌握是需要一个过程的，要求其在全新的背景下，重新对道德教育研究进行建立。这并非对原有模式进行简单的修改和扩增，而是对原有的方法进行改变，同时也会对这一领域中的一些基本理论进行变更。大数据的出现带来了全新的量化纬度，也正因如此，无论是生活、工作还是思维方式，都会因其而发生改变。在既往的研究当中，主观的思想与情感往往被认为很难实现量化。这是因为假设和抽样调查方式，对数据量进行了限制，导致研究受到了束缚。不过在如今的大数据背景下，对于数据的收集、保存以及分析和使用都会定量进行。在不久的将来，大学生道德教育也会逐渐由社会科学转变为实证科学，而大数据则是对其进行研究的基础。

二、大数据时代大学生全面发展的必然选择

“每个人自由而全面的发展”是马克思所认为的未来社会的基本特征之一，也是开展大数据时代大学生道德教育的现实出发点和终极归宿。大数据时代为大学生的全面发展提供了前所未有的物质条件，大数据技术促进了社会文化的发展繁荣，催生了新的思想方式和行为方式；大数据技术使得每个人可以与世界上任何地方的任何人发生虚拟或真实的关系；大数据技术可以使每个人在任何时间任何地点获得所需要的任何信息资源。

（一）大学生全面发展的机遇

大数据时代使大学生的思想、观念以及个人素质等方面都得到了不同程度的提升和解放。对于自身更加充分的展现，在某种程度上符合他们对于社会关系与精神层面的需求。

(1) 主体性的提升。在如今的大数据时代当中，信息资源能够极其快速地进行传播。因此，大学生之间的交流更加迅速和便捷，教育者对于教育结果进行预测和判断也更加容易。因此，道德教育的目的性和有效性也得到了提升。等级和身份不再是大学生的限制因素，他们可以对其想象力和创造力进行自由发挥。

在大数据时代中，包括政府网站、数字图书馆等数据库系统以及信息门户等公共信息平台的建立，使得大学生能够从更多角度，对社会公共事务进行了解、认知与参与。同时，大学生也可以将不同平台与数据库中的信息资源进行重新整合并共享。在大数据时代当中，时间和地点不再是数据传播的限制因素，智能终端可以将数据和资源进行开放性管理，从而实现大学生认知能力的提升，大学生行为模式也因此得到了改变。

(2) 个性化发展要求进一步得到满足。个性化是个体基础特征的体现，个性的发展能够将大学生自身成长进行具体化的展现，其思维模式、情感意识以及对自身的认识等，都产生了不同发展，正因如此，每个个体之间是独特且唯一的。对于个性的发展，就是将自觉性、主动性、积极性和创造性等进行张扬，并根据自身发展的规划以及社会的需求，进行准确、科学的判断和选择。在大数据时代

中，个体的自由是受到鼓励的，因此，大学生的个性化也更加显而易见。

大数据时代可以为学生个性化教育提供基础，对于不同的学生给予不同的策略内容，以及模式上的支持。所以，以学生为中心即为个性化教育的本质所在。在大数据时代当中，进行个性化道德教育，其本质是通过对学生的数据来进行收集分析，从而，将其思想和行为进行综合整理总结，最终将教育主动推送至学生面前。对于个性化的需求进行更加深入的了解，从而摆脱“信息冗余”。这一过程的核心技术便是对于数据进行挖掘的技术。例如，对学生浏览过的网站进行数据化的分析与整理，并以此为基础，对其行为和兴趣建立模型，从而帮助教育者对学生的行为方式进行深入了解，进而帮助高校进行站点结构的改变，为学生提供更好的具有独特个性的教育。

大数据时代可以帮助学生实现学习的个性化。随着移动技术发展，校园内无线网络也广泛覆盖，智能终端在大学生间逐渐普及，并为其提供了广泛的学习环境，以及大量的学习工具。对大学生来说，大数据技术的应用，使得道德教育可以成为自主确定的。其内容、方式、资源以及学习伙伴都可以进行自主选择。同时，教育环境也变得智能化，可以通过传感器对教育情景进行感知，对大学生的特征进行识别，教育者能够得到更加优质与合适的教育资源，教育过程也能够实现完整记录，使得效果评价更加准确。从教育者角度来讲，实施教育的时间与地点可以进行更加合理的安排，互动工具相较之前更加便利，对于大学生特点及需求的了解更加充分，这些都使得个性化教育能够真正得以实现。教育云资源更加的丰富和充足，能够更大程度上满足个性化教育的需求。

（二）大学生全面发展面临的挑战

大数据时代，海量信息的开放性、复杂性、全球性，给大学生的思想观念、价值观的形成带来了冲击，从而影响其全面发展。大学生全面发展面临的挑战主要表现在三个方面。

(1) 道德信仰出现危机。道德信仰是一种精神状态，它以“坚信”为中心，与知、情、意相统一。在大学生道德教育方面，主要表现为对大学生的道德素质的培养尤其是个体道德自觉的生成与发展，造成了严重的消极影响，使得一些大学生因为过于考虑个人价值而迷失了自我，利益成为他们的唯一道德标准。

随着全球化进程的推进，文化的多元化和道德相对主义对大学生的道德信仰产生了困扰，网络舆论还经常不加辨别地对一些道德事件进行宣传，使得大学生的道德观念和诚信原则发生了动摇，从而使其对道德信仰产生怀疑。

(2) 道德意识表现反向。大数据时代为大学生提供了跨越现实社会界面的庞大空间和超强自由，虚拟化、数字化、符号化使得他们可借此隐匿或篡改自己的身份、地位、行为方式、行为目标等，行为轨迹的遁迹让他们不必再像以往面对面时那样确保言行的真实性与道德化。

道德认知是思想中观念对道德实践活动的一种整体的认识，道德情感是大学生的一种较为稳定的心理品质，道德意志是大学生的一种内心状态，大学生通过正确处理网络人际关系来形成完善的、理想的道德人格。但是，大数据时代在促进道德教育的同时，还使得大学生的道德意识表现出反向。网络社会虽然是虚拟的，但网络社会中的人并不是凭空产生的，大学生所面对的道德对象也是真实的，大学生在现实与网络中不停地进行角色转换，这个光怪陆离、亦幻亦真的虚拟世界，席卷了大学生的感官，侵入了他们的心灵，冲击着他们的信念。大数据时代为大学生提供了海量的道德信息，大学生的自我意识更为强烈，他们对信息关系的需求、占有和处理也更加体现出个性化的选择，人机交互中形成的各种关系加剧了大学生内心道德观念的冲突。

(3) 道德规范不断冲突。大数据时代，网络信息资源不受任何国家、地域、民族、文化等的限制，也常常不受积极与消极等道德标准的限制，信息传播方式所具有的超地域性与信息内容本身所具有的地域性特征之间，产生了强烈的矛盾，这种矛盾引发了大学生道德规范意识的冲突，他们在这种错综复杂的冲突面前感到徘徊、困惑。

三、大数据时代实现教育信息化发展的必然选择

《教育信息化十年发展规划(2011－2020 年)》《教育管理信息化建设与应用指

南》等文件的颁布，表明教育信息化发展已经成为国家教育改革与发展的一个战略选择。学生创新能力的培养和个性化发展，学生学习过程、教师教学过程、教学资源配置和教学效果评价的信息化必须以大数据分析为依据。大数据在教育行业中的应用被列入我国教育信息化的工作程序是教育事业发展的必然趋势。

（一）大数据时代带来的机遇

大数据时代给大学生道德教育信息化带来了发展的机遇，各高校开始兴起“智慧校园”建设，并在陆续部署、规划、建设各自的大数据中心，以发挥大数据在高校发展中的决策价值。

1．“智慧校园”的建设

“智慧校园”是不同于传统的“数字校园”，而是包含了大数据、云计算、物联网等技术的综合体。“智慧校园”，就是运用现代智能技术、现代信息技术，以精确的方式对师生的活动，如生活、工作、学习、管理等提供智能服务。在建设的过程中，需要在学校的水电系统、公共楼宇内外部、校园交通等各种物理环境系统中嵌入传感器，通过网络将这些系统相连接，形成一个完整的信息系统，然后，还要将学校的其他信息管理系统，如学工系统、电子公务、教务系统等都整合进来，形成“校园云”。对校园环境状况、师生教学状况等进行数据的实时抓取，之后对收集到的数据在后台进行深入的分析，然后形成关于校园生态系统的有效管理，并为决策提供数据依据。但是，这些数据以非结构化数据为主，这就对数据获取的方式、数据的处理效率、数据的分析能力等等提出了较高的要求。

大数据时代，教育云资源的应用，改变了过去的教育资源的应用方式，师生都可以从教育云端上传或下载资源，都可以运用大数据技术挖掘、分析数据，找到数据的隐含意义，这样教育者就可以根据这些数据制定更好地教育措施。另外，教育者还可以根据大数据的预测，对自己采取的教育方式进行评估，从而更好地引导大学生进行道德知识的学习、道德情感的培养、道德意志的锻炼和道德行为的评判，还可以对学校的课程，特别是思想道德教育类课程开展的效果进行跟踪，对不合适之处做出调整。教育者还可以利用大数据技术，对学生的各种行为，如经常浏览的新闻、网站、社区、论坛，对道德事件的留言、评判、价值取向等进行数据分析，对学生未来的道德情感偏好或道德行为走向提早做出预测，然后找到针对不同学生的不同的教育策略，目的都是使学生最终能够培养起正确的道德观念，形成良好的道德品质，实施正确的道德行为。

2. 引导决策者做出正确抉择

关系化数据时代较大数据时代要早，其主要采用抽样调查的调研方式，从部分来推论整体。因此，其调查结果会存在一定的偏差，并非完全正确。在现在的大数据时代中，即便非专业人员也能够通过简单实用的分析工具来实现对于数据的大规模分析收集。这时数据的全面性会得到提升，因此结果也更加准确。随着“智慧校园”的建设，众多高校的云计算平台也在不断发展、实施。其应用对于大学生道德教育的开展是有相当大的益处的。这些数据虽然不具有固定结构，相对较为零散，但是全面且真实。看似毫无规律的数据内容，在经过技术处理后，可以将其间的关联展现出来，为高校的决策者提供决策的相应依据。同时，决策者也可以以其作为基础，对其决策所带来的影响及结果进行预测。可以选择性地对预测结果在预期目标内的决策进行发布实施，不在预期内的则进行修改和更正，从而实现决策的科学性。除此之外，大数据技术还可以帮助提高教学质量，保证教育的公平性。决策者可对各类数据进行综合分析，借助信息中心的处理技术，来实现教学的优化，从而保证改革的顺利实施。

（二）提出的挑战

随着物联网、虚拟化应用、云计算在数字化校园建设中的勃兴，扩展了教育数据的来源，随之而来的大数据成为数字化校园新的选择，非结构化和半结构化的数据采集、存储、分析、应用对大学生道德教育的信息化发展提出了新的挑战。

1. 对道德教育技术提出了新的要求

大数据时代，要挖掘与大学生道德教育相关的大量数据，需要找到相应的技术与方法，如数理统计、深度学习等，并且通过对大学生道德行为进行数据建模，通过数据挖掘技术掌握的大量有用数据，结合其他变量的相关内容，对学生未来的道德发展的趋势进行预测。大数据时代，高校在教育技术方面，需要建立一个能够从整合多个预测变量推断单一被预测变量的模式，如通过学生在线参与道德事件讨论的情况预测学生是否有不道德行为的风险；通过集群，根据学生在不同的在线互动模式中的表现将他们分成不同的群体，从而提供不同的教育信息，组织适合不同群体的教育活动；通过关系挖掘，找到学生的道德思想和道德行为的相关关系，改进教育内容的呈现方式和序列以及教育方法。

2．对数字化校园建设提出了新的要求

由于大数据具有广泛、多样及复杂等特性，使得高校内的数字化建设需要具有更高的水平。既要求具有无处不在的互联网络作为基础，同时还需要具有大量数据支持，通过相互之间的联合，并通过云平台来分析、处理及管理。在大数据时代当中，对于数据的分析和处理传统技术也需要不断地进行更新和调整。

掌握海量的学生学习、情感、思维、认知以及行为等相关的数据，是大数据在道德教育中被充分应用的重要基础，这也使得现有的高校信息网络面临着艰巨的技术挑战。大数据分析对于存储、处理以及分析技术的要求极高，同时巨大的数据量也对存储空间具有一定要求。另外，作为大学生道德教育的重要环节，大数据技术需要对其相关数据进行收集，同时对教育中出现的问题进行科学分析。所以，对于数据的收集技术以及对于问题的分析解决技术，也是网络信息中心面临的重大挑战。最后一个问题是，如果收集到的大量数据无法进行充分融合，那么其中包含的价值就无法进行充分发挥；如果由于存储系统的不同，而使得数据类型无法实现统一，那么就可能会造成数据库之间的数据无法实现共享，最终无法在同一平台中进行统一。所以，想要实现大数据技术在道德教育中的充分应用，就必须要将数据孤岛现象彻底消灭，实现数据的整合和融合。只有这样才能够保证大数据的品质，使得大数据在道德教育方面展现出其强大的推动效用。

3．对教育者数据应用能力提出新的要求

大数据技术的应用为大学生道德教育所带来的最大变革在于实现数据的量化。这使得教育者能够更加准确地对受教育者进行把握。从宏观角度来讲，教育者可以对受教育者的总体认知情况进行了解和掌握，这是因为无论是在虚拟还是在现实当中，大学生的道德活动都会不断产生相应的数据和信息。这时教育者可以通过对不同类别的学生进行不同道德现象的分析，观察其反应，进而从宏观的角度对大学生道德发展的情况进行了解，发现其中的规律以及不同类型学生间的道德认知情况和接受效果。从微观的角度来讲，随着与道德相关信息的不断积累，并换算成相应数据，使得教育者可以通过大数据技术对其进行细致分析，并进而得出每个学生的发展情况及认知水平的结论。其产生的数据可对智能化教育提供有力的支持，进一步提升道德教育的成效。因此不论是宏观角度，还是微观层面，大数据时代的到来都对教育者的数据分析与应用能力带来了挑战。这就使得教育者需要对于教育数据更加敏感，且要求洞察力和鉴别力更加敏锐，能够对数据中包含的信息，进行准确且完整的分析解读，从而进一步协助对大学生道德关联信息的收集和保存以及分析处理，并将其结果在教育活动当中进行充分的应用。

第四章　大数据时代大学生道德教育的指导思想与教育方法

当代道德特点表现为道德是动态发展的行为规范，是人的行为属性；道德应促进社会和个人的共同发展，道德的实现需要社会和个人的共同努力。本章围绕大数据时代大学生道德教育的指导思想与教育方法，对大数据时代的大学生道德教育指导思想、道德教育基本原则及道德教育方法进行论述。

第一节　大数据时代的大学生道德教育指导思想

随着时代发展，多媒体技术不断大众化，为当今时代大学生提供了许多机遇，同时也带来了诱惑和挑战。因此，在对马克思主义进行研究和面向大学生教育的同时，应当重点研究马克思主义的道德教育，对学生自我建立正确的世界观、价值观和人生观有着重要的辅助作用。并且有良好的三观，能够使得大学生进行良好的社会实践，大学生的身心健康，有利于中国特色社会主义道路的顺利开展。

一、马克思主义经典作家的道德教育的思想

马克思、恩格斯等关于道德教育的思想，为开展大数据时代大学生道德教育提供了重要的理论基础和理论支撑。

（一）马克思、恩格斯的道德教育思想

在马克思主义发展历程中，历史唯物主义是基础，通过这一基础，具有科学性的道德理论得以形成，此后确立了历史唯物主义道德观，认为道德受社会经济因素决定，有什么样的社会经济，就有什么样的道德观。

马克思和恩格斯对马克思主义发展的最终目标是实现人人全面发展，实现自

身价值。所谓全面发展，是完整完全地发现自己，成为自己，拥有各方面的优秀本质，这是马克思主义发展的根本。全面发展包括人的个性、社会生产能力和社会关系等，除此之外，还有人的技能。人具有自我的精神思想，拥有自我对生活和社会的各方面需求。随着社会生产和关系的不断发展进步，人的全面发展也得到了进一步实现，提升了个人能力，拥有了更多技能，丰富了人的个性。从根源上看，全面科学的道德教育促进个人全面发展，起决定性作用。那么，如何实现个人的全面发展，人需要在生活中深刻体会到人与人、人与物之间的相互依赖，并且对物质方面做出改变，能够进行创造，满足自我需求，提高自我能力。

马克思从始至终都在为人类全面发展事业奋斗着，他认为要使现实中的人实现自我的全面发展，一定要发展人的个性，培养人的各方面技能，使其有满足自我需求的能力，同时培养良好广阔的社会关系，完善人的性格和三观。在人的发展过程中，道德教育十分重要，是实现和谐社会的一个重要环节。①

（二）列宁的道德教育思想

列宁认为，共产主义道德基于无产阶级的斗争利益，它强调无产阶级斗争中利益的重要性，要求借助它不断地建设完善共产主义伟大事业。共产主义道德教育关系的深入研究，有利于推进“社会主义新一代”的培养工作，促进共产主义事业的建设完善。它是实现共产主义意识与广大人民群众思想意识的有效联系的关键。

列宁多次提出，“共产主义社会不能是一个文盲社会”，基于这种思想，社会主义建设也一直围绕着文化、教育展开相关工作，并将学习知识、掌握科学文化技术、培养人才三个方面作为社会主义事业建设的基础。所以，教育工作尤其是道德教育工作，是社会主义事业建设的重中之重。

除了教育问题，列宁也多次提到共产主义道德教育与社会发展目标的有效连接问题，并以“人人为我，我为人人”作为共产主义道德的要求。在整个道德教育工作中还需要注意以下几点：①高度重视共产主义道德的思想原则、行为规范，

---

① 王婧．大数据时代大学生道德教育研究[M]．北京：现代教育出版社，2016．

将它作为道德教育的主要出发点；②在遵守规定的同时，自身行为要符合共产主义道德的思想原则、行为规范；③着重增强共产主义道德建设者的素质能力，培养共产主义新青年及劳动者的严守纪律、吃苦耐劳、意志坚强特点，通过上述培养建设活动，进一步实现良好社会主义道德环境的建设任务，再辅之以共产主义道德理想的教育，推动无产阶级与广大人民群众的有效集结，提高社会生产力，推动社会主义建设。

列宁强调，“我们今天最重要的任务就是学习再学习”，在开展共产主义道德教育过程中，也离不开强调的内容，应该把“学习”作为日常生活最重要的行为活动，实现学习同生活的高度结合，提高自身的学以致用能力。在学习的基础上强调实践对共产主义道德教育活动的作用，尤其在青年道德教育上的实践更不容忽视，切忌出现“纸上谈兵”。道德教育的初衷就是要让学习者深入了解道德，增强自身道德素质，将道德行为付诸实践。在这其中不可忽视共产主义道德教育的榜样作用，就像列宁所说：“要在这个斗争中做出受教育和守纪律的榜样，党员应该给非党员做出榜样。”榜样人物能够促进其他人自觉履行共产主义道德职责，这将极大提高整个社会的精神文明建设和道德建设的水平。

二、中国化的道德教育思想

（一）毛泽东的道德教育思想

在道德教育中，爱国主义是毛泽东尤为重视的，除此之外，还有国际教育，因为其指引着新民主主义革命和社会主义革命，反映了各方面，如人民与祖国、无产阶级与人民等关系中的道德因素，这是共产主义道德观步入正轨的表现。

要实现真正的道德，需要学会自我批评，还需要会批评，能够有自我分辨能力，防止被污浊的思想污染自己的精神世界，从而保持较好的气质与品德。因此，在道德教育开展过程中，辩证批评的教育方式是具有优势的。

毛泽东在提到青年的道德教育时客观地认为，青年的身心发育还不成熟，容易受到外界影响，这是区别于成年人的地方，这一因素决定了青年的可塑性。所以，对青年的道德教育尤为重要，应该多加关注和爱护。

（二）邓小平的道德教育思想

邓小平理论是在马克思和毛泽东思想理论上衍生而来，给予马克思主义以实践，并结合实际，完善了马克思主义思想和毛泽东思想，发展了这两种思想。邓小平十分重视青年的道德教育，尤其是大学生的道德教育，他在很多自己的著作中表达了这一思想。

从中国发展历史中可以看出，中国特色社会主义建设道路和社会主义精神文明的各项结构，都有邓小平思想道德观念的体现。他认为想要建设社会主义精神文明，要从广大人民最基础的公民开始，培养一批有理想，有道德，有文化的公民。这是对青年教育的一个重要体现，应当切实落实在对青年的道德教育中。有理想体现在中国特色社会主义建设的未来道路上，同时要实现共产主义建设。应当提高青年大学生的自觉性，主动接受良好的道德教育。

大学生的道德分为很多方面，比如社会关系中的道德和家庭婚姻中的道德，职业工作中的道德等。此外，大学生还应具备劳动能力，掌握近代科学文化知识，在技能知识方面全面发展，为中国特色社会主义建设道路做出贡献。有纪律的关键点在于纪律，遵守纪律和社会规则，这是邓小平理念中自有人才的关键点和基础。这是对人的技能、知识等方面的延伸。

（三）习近平的道德教育

社会的发展和精神文明的建设，依赖思想道德建设，只有进行思想道德的全面建设，才能够实现中国特色社会主义的全面发展。要实现中国梦，道德教育是十分重要的一个环节。习近平在阐述中国梦时，也强调了道教育的重要性。“中国梦”，是中国全面繁荣昌盛的发展，是提高人们的幸福度。“中国梦”是中国人民发展的方向和广大人民群众的前进目标。尤其是在信息发展的时代，“中国梦”对人们的指引更加重要。在对大学生进行道德教育时，应当对大学生进行“中国梦”的讲解，使大学生了解中国梦，为中国梦不懈奋斗。

在大学生中开展中国梦教育，体现了道德教育服从与服务社会发展的基本规律。让大学生正确理解中国梦，是用中国梦引领大学生成长成才的前提。道德教育必须在各种声音中掌握向大学生正确解读中国梦的话语权，正本清源、去伪存真，让大学生承接中国梦传达的价值意蕴和深刻内涵。在大学生道德教育中进行中国梦主题教育，用社会热点吸引大学生的目光，通过大学生对中国梦这一话题的关注引领大学生的思考方向。围绕中国梦教育这一主题，在大学生道德教育中设计和组织各种形式的系列活动，引导大学生多渠道、多侧面、多向度学习和感悟中国梦。在中国梦这一生动的教育主题下，理论教育和实践教育相融合，教育内容与教育形式紧密结合，用中国梦所蕴含的时代内涵和价值追求在大学生探求人生理想的过程中产生积极影响，并将之作为主线贯穿整个教育过程。

因此，大学生道德教育就需要认真汲取中华优秀传统文化的思想精华和道德精髓，把中华优秀传统文化中的讲仁爱、重民本、守诚信、崇正义、尚和合、求大同的思想在大数据时代所具有的价值进行深入的挖掘和理论上的阐释，使之成为大学生自觉涵养社会主义核心价值观的重要源泉。把社会主义核心价值观贯穿于大学生学习、生活的方方面面。而教育方式则是需要通过教育引导、舆论宣传、文化熏陶、实践养成、制度保障等，使社会主义核心价值观内化为大学生的精神追求，外化为大学生的自觉行动。用榜样的模范行为和高尚人格感召大学生、带动大学生。运用各类文化形式，生动具体地表现社会主义核心价值观，用高质量高水平的作品形象地告诉大学生什么是真善美，什么是假恶丑，什么是值得肯定和赞扬的，什么是必须反对和否定的。让大学生在实践中感知它、领悟它，使社会主义核心价值观成为大学生日常学习生活的基本准则。

建设网络强国，要有自己的技术，有过硬的技术；要有丰富全面的信息服务，繁荣发展的网络文化；要有良好的信息基础设施，形成实力雄厚的信息经济；要有高素质的网络安全和信息化人才队伍；要积极开展双边、多边的互联网国际交流合作。因此，大数据时代的大学生道德教育，还需要高校着力打造自己的具有竞争力的网络文化，在道德教育信息化建设中坚持网络技术、网络文化、信息经济齐头并进的互联网发展理念，强化对网络安全和信息化人才队伍的培养，为增强高校的教育实力提供最坚强的保障。

第二节　大数据时代的大学生道德教育基本原则

大数据时代，网络社会已经成为大学生的另一生存空间，在这里，他们的活动方式往往因数字化而表现出了“非人性”的特征，所以其道德的运行方式、评价机制等都与现实社会有一定的区别，因此必须以马克思主义为指导，将中国传统优秀的道德教育思想和文化与国外先进的道德教育思想和文化进行融合，以其特殊性为基础来寻求一些新的道德教育的基本原则，形成大学生道德教育的合力，不断推进大数据时代大学生道德教育的发展。

一、坚持主导性原则

大数据时代大学生道德教育的主导性原则就是要保证我国政治、中国特色社会主义文化和社会主义核心价值体系成为引导大学生道德教育的主要方向、重要方面和工作重点。

(1) 坚持国家政治主导。政治为国家利益和阶级服务，其对国家社会的发展方向起到引导及选择作用，充分发挥政治秩序、导向及规范特性，尤其身处大数据时代，以中国共产党为政治主导，既顺应大数据趋势，又遵循一党执政的理念。

道德教育在大数据时代，需要以我国社会发展方向为主导，也就是以党的领导为核心，让经济在政治引领下，朝着正确的方向发展。[①]大学生群体应当以中国化的马克思主义理论武装自己，使学校的道德教育遵循国家大局，让大学生的行为沿着中国社会主义发展方向前进，其中大学生的思想道德建设，从理念上坚守社会主义及共产主义理想信念，秉持制度自信、道路自信及自身自信，更好地服务党和人民，让自身的政治信仰、思想及行动始终围绕在党中央周围。

目前的市场化、信息化逐渐对我国的社会发展造成强烈冲击，信息不断增多，并且日渐表现出差异性，因此呈现出意识多样化趋势。所以，在对大学生进行道

[①]卢黎歌，吴欢．基于大数据时代的大学生价值观教育[J]．西安交通大学学报(社会科学版)，2016(6)：20–22．

德教育过程中，不管是现实社会或是网络社会，都需要按照时代特征以及实际情况来开展马克思主义的教育，将这种意识形态对中国产生的价值和意义全都展示给大家。这样就可以让大学生学在面对网络社会造成的经济、民生等一系列问题时，能够利用马克思主义的观点和方法来进行理解和分析。首先要做的就是建设宣传马克思主义所需的场地，完善制定有关政策、法律，这样就可以使网络环境能够以健康的状态发展下去。对科技发展也要更加重视，不但可以促进信息发展，还能够提升网络技术。充分将导向作用发挥出来，要以国家利益为重点，将网络社会往更加积极的方向上指引，创造出良好的网络环境，并且利用主流意识适当地去指导大学生，让他们能够有一个正确价值观。

(2) 坚持中国特色社会主义文化主导。文化是一个民族政治、经济在观念形态方面的集中反映，已经渗透各民族发展过程中。国家与国家间的竞争日趋激烈，文化效用不容小觑。如今经济已经进入多元化，各国同处于发展转型期，各种思想文化正在进行新一轮交锋。中国特色化的马克思主义理论，已经出现明显优势，尤其面对如今复杂的情势，处于社会转型期的中国，要确保社会及网络社会的发展方向，推动先进网络文化发展，激发主流网络文化。

中华民族文化的形成，主要是在漫长的历史发展中，将各个民族以及地区的文化进行了整合。经过改革开放之后，形成了一个新的历史背景，并且在这种背景下对党的文化建设进行了推动，从而形成了新的文化发展和繁荣。先进文化牵引着社会主义文化的发展，它的主要任务就是将核心价值创造出来，所采用的方针就是大力发展科学文化，所采用的指标就是要以人为本，发展动力就是不断地进行改革和创新，并且在进行创新的道路上，都是采用博采众长的方式。一个国家能力的体现之一就在于文化，如果国家具备了很强的文化，那么对于这个国家来说，就有着一样强大的能力，只有这样才可以使国家发展，使国家跟上现代的步伐，国家的文化强大也意味着国际地位的提高。

当今中国，多元文化出现了诸多问题，尤其与网络文化产生激烈的冲突。所以，处于大数据时代的道德教育，必然要以中国特色文化为主导，整合并吸收多元文化中的营养成分，摒弃失去活力的旧文化，积极引进具有创新基因的外来文化，把创建新文化作为目前文化建设的首要任务。

(3) 坚持社会主义核心价值体系主导。社会主义核心价值体系是马克思主义理论中国化的理论创新，涵盖社会风尚、精神实质、理想信念及思想理论等价值，给大学生提供了有关价值取向、道德选择及行为得失等方面的基本规范，满足社会主义富强、民主、文明、和谐的发展要求。

大学道德教育，在大数据时代需要坚持新时代下的价值观和价值取向，其中社会主义核心价值体系依然是大学生全面发展所要遵守的，尤其在网络时代，更应将其视为行为方向的正确引导，大学生应当将这种统领性、方向性及整体性的核心思想体系为主导，接受网络文化，从而规范自身，做新时代的优秀青年。①

处于开放多元的大数据时代，给大学生提供了更多的选择自由，然而，这种自由也要做到节制有度，尤其在中国特色社会主义发展中，大学生作为一个兼具理想和现实的人群，不论从主观还是客观，都存在着差异。因此，在大学生道德教育方面，应当立足其现实性，从其价值观和实现方式方面进行研究，兼顾主导认识和多样化认识，从两个层面开展道德教育，从而达到物质利益和精神动力、德行与智能、道德理想与事业理想及政治理想等有机融合。

二、坚持包容性原则

文化需要包容，尤其在信息全球化的当今，大学生道德教育更应合理汲取传统文化中的营养成分，摒弃西方优秀道德理论中的消极因素，做到继承发展和创新。

(1) 传统优秀道德教育思想。中国民族精神的核心思想是中国上千年积累下的传统伦理道德，长期对人们的思想及行为造成深远影响。

我国古代，伦理道德是教育的核心，被人们所重视。古代的教育思想将道德教育作为核心的教育思想，当时的教育者从大量研究道德理论及实践经验中，挖掘出道德教育的优良思想，摒弃陈旧理论，为后来大学生道德教育提供了可供参

①胡弼成，王祖霖．“大数据”对教育的作用、挑战及教育变革趋势——大数据时代教育变革的最新研究进展综述[J]．现代大学教育，2015(4)：98-104．

考的理论依据。

道德教育需要现代人加以重视。“齐之以礼”的思想被荀子进行了不断发展，荀子针对这种思想还指出了“礼治”这一观点。他觉得不管是个人还是国家，都要将“礼”作为道德教育当中的重点。[①]汉代以后，中央集权制度开始逐渐形成，同时也将道德教育逐渐进行了深化，还完善了教育实践的各个方面。宋朝之后，各朝代的统治思想都是根据陆王心学，并且在地位上也更加突出。朱熹认为学者的首要任务就是要修身齐家治国平天下[②]。

我国古代就有着极其丰富的教育经验以及方法，例如将学校、家庭以及社会之间的教育密切联系起来，使自我修养和实际锻炼彼此之间互补。古代人都把道德教育视为能够解决人生观的问题。经过长时间的经验总结，古人得出了非常珍贵的教育经验，并且有着非常重要的影响和意义，需要运用马克思主义观点进行总结，在现代道德教育实践中予以借鉴。

(2) 西方优秀道德教育思想的借鉴。道德教育理论发展过程，实质是哲学思想的更迭过程。世界上各个国家，在不同时代，采用自身的哲学思想对道德教育理论进行了不同程度的探索，从而给各个国家、各民族提供了可供借鉴的道德教育思想。在西方，古希腊、古罗马为西方道德教育理论的发源地，后来发展至文艺复兴时期，有效推动了西方德育理论的发展。受到资产阶级工业革命影响，道德教育理论被更多的教育家探究，这个时期，具有代表性的道德教育经典理论、各大教育流派的教育思想等，都为后来道德教育的发展提供了可供借鉴的基础。

有一些国外的典型教育思想，也能够给大学生带来教育方面的指导。教育家和思想家中的典型代表就是卢梭，卢梭是在自然理论的条件下建立的道德教育思想。卢梭觉得要让人和事物的教育都在自然教育的基础下进行，这样才能实现教育目标。并且他针对自然教育提出了相应的方法和内容。卢梭还把自然教育列举出了不同的阶段，分别是幼儿阶段、儿童阶段、少年以及青年阶段，并且每个阶段都包含着很多教育知识。卢梭还提出了要把情感当作道德教育中的主要知识点，

[①] 荀况．荀子[M]．北京：中国纺织出版社，2007．
[②] 张伯行．续近思录[M]．北京：中华书局，1985．

学习路径就是要按照实践活动来进行。不但可以让大学生主导自己的教育以及成长，还能够以此培养自身的意志和情感，其次是要在活动中进行学习，不要一味遵循死记硬背的学习方式，要在实际行动中开展教育。[①]

德国教育家赫尔巴特，因为提出了“知”的教育地位，因此成了主知思想的典型人物。他觉得道德教育是教育的根本所在，并且也是教育的主要目标和核心。赫尔巴特觉得所有的教育都要以学生为中心进行培养，并且还要围绕着这一问题去开展，不管在什么阶段都不要忘记。[②]他所采用的核心内容包括了自由、友善、公平以及争议等，并且将这些内容作为了道德教育的根本内容。而他其他方面理念的基础就是观念心理学。他觉得所有的道德都可以用“观念”表示，从而演变成知识。他觉得在教育中出现的大多数问题都是因为缺少心理学知识而造成的，同时他也根据这一结论提出了要将心理学作用在教学当中，并且还要将学生自己的观点和想法充分考虑进去，然后对学生进行启发，从而指导学生产生新的观点和想法，并且可以通过它们的结合掌握知识。

美国哲学家杜威也是一位典型的代表人物，他开创了实用主义的教育模式。杜威围绕着教育本质的基础，提出了两个教学观点，一个观点是“教育即生活”，另一个观点则是“学校即社会”。杜威觉得在接受教育的这一阶段，是能够将经验进行改变的阶段，同时也给经验的生长创造了有利条件，他认为，教育就是根据生活中的事情来进行学习，并且通过得到的经验也可以进行学习。同时它也是社会生活的一个阶段，而它的方式就来源于学校，所以说学校就相当于一个还未成型的社会。而学校进行道德教育培养的主要目的就是为了能够培养出优秀人才，同时也为了能够给以后的社会生活提前打好基础[③]，他不赞成那种脱离现实生活的教育模式，并且认为学校内部和校外之间要保持联系，同时利用间接的方式来进行道德教育，意思就是说教育要存在于生活、学科教学以及实践当中，尤其是要使儿童参与进活动中，以及在实践中进行教育训练的提升。

---

① [法]卢梭著，李平沤译．爱弥儿[M]．北京：商务印书馆，1978．

② 王婧．大数据时代大学生道德教育研究[M]．北京：现代教育出版社，2016．

③ 赵祥麟，王承绪．杜威教育论著述[M]．上海：华东师范大学出版社，1981．

西方的教育思想也能够为现代大学生提供良好的道德教育指导。学校培养学生的道德思想，一方面是为了能够让学生纠正自己的价值观，另一方面是要帮助学生实现自我指导和评价，这两个方向的培养并不是单纯地让学生被动接受价值观，是要帮助学生实现他们的人生理想和价值。在这一观点上，最值得讲的就是价值澄清理论，前提条件就是理论的中心必须是生活，这么做的目的就是为了帮助学生解决他们所遇到的问题，并且帮助学生进行独立思考，实现个人能力培养。

道德认知论的典型代表就是科尔伯格，他所强调的核心就是“儿童发展论”[①]。其中的核心部分就是认知以及发展，发展顺序依次是逻辑思维、道德思维以及道德，所以说，想要将道德思维激发出来，就需要使用很多的方法，并且这一过程还可以促进发展。所以说，首要任务就是要将道德认知力发展下去。科尔伯格不但将德育方法制定了出来，同时还制定了德育模式。其中的德育模式一个是新苏格拉，另一个就是新柏拉图。另外的德育方法包括了两方面，一方面是公正团体法，另一方面是课堂讨论法。

三、坚持合力性原则

处于大数据时代的道德教育，需有机结合学校、家庭、社会及网络四方教育关系，有效发挥各自优势，打造新时代新型教育模式。

（一）社会、学校、家庭与网络的合力

在现实和网络两种文化语境中，道德教育体现出文化的多样性，尤其在社会、学校、家庭及网络四种环境中，其教育理念必然出现内容、模式、方式方法等不同特性，促使四者发挥各自优势，相互融合，共同促进，有效开展新时期大学生道德教育。

(1) 社会道德教育是大学生道德教育的“大环境”。社会正能量集合了社会道德和网络力量，借助平板电脑、手机等移动终端进行网络传播，从而引导舆论。大学生道德教育受到网络主体的影响较大，而网络正能量在社会主义核心价值观、

[①] 王婧. 大数据时代大学生道德教育研究[M]. 北京：现代教育出版社，2016.

马克思主义网络阵地等方面得到充分展示，有利于大学生的道德教育。正能量是无边界的，不分国界、种族，其作为向上的能量，影响着人们的价值观，帮助人们对社会、家庭及国家产生美好的期待。

教育者借助信息化平台对收据收集及分析整理，将大学生的学习行为及成长过程，通过结构性及非结构性数据分析得出，从而便于教育者使用相关教学方法开展道德教学，最终有效提升大学生道德教育效果。因此，充分结合网络道德教育和社会道德教育，有利于网络公民教育朝着良性的方向发展。

(2) 学校道德教育是大学生道德教育的“主阵地”。大数据时代，基于学生的真实需求，并以提高学生的道德素质为目标，从而更好地开展大学道德教育。因此，学校将学生及社会事实作为教学依据，创造良好的道德教育氛围；道德教育在大数据时代，需要满足新的教育需求，保持学生遵规守纪的良好素养，从而将其培养成符合网络社会及现实社会发展需求的良好公民。因此，学生的道德教育重点培养方向是学生的互联网公共精神及意识。

此外，注重大学生的日常生活，是大学生道德教育的基础。道德素养与学生的日常生活密切相关，在培养大学生的道德教育时，要以学生为主体，让学生和教师及学生和学生之间形成良好互动，从而激发教育活力。为提高学生参与道德建设的积极主动性，可广泛收集学生的见解，将学生作为主体，让其主动选择或设定道德教育方案、方式及内容，更加激发其自觉、自主、自愿地参与活动积极性，促进道德教育高校实施。

步入大数据时代，高校中教育工作都倾向于信息化建设，比如数字校园、校园网及教育信息化等建设模式，具体来讲包括一对一的“E 课堂”“翻转课堂”开展的教学研究、“微课程”的开发、“数字化学习”试点学校的设立等具体案例，各方面的信息化服务平台得到很好发展。

各个高校之中的各科教师、主要做学生工作的人员、党政机关各部门负责人等，都有对学生进行道德教育的责任和义务。尤其是面对数据时代的来临，对于所有教育者来说，大数据为他们带来了新一批的竞争对手，并且在大数据高速更新的硬件软件智能化设备之下，这种技术浪潮已经不可避免地推动了时代的革新，转变已经出现在各位教育者面前。所以，所有的教育者都需要注意，新的信息技术能够在学生的道德行为以及认知等很多方面造成影响，这就需要我们从教育的核心进行根本性的转变和革新。目前各个高校已经通过长期的学习积累，留下了非常多的结构性数据，还有非结构性的数据，这让道德学习的轨迹有迹可循，清晰地展现在了各位教育者的面前。并且可以预见的是，未来为了更有针对性地提高道德教育学科的成果，教育者们可以使用这些记录数据，制定适合的教育方法和内容，实现更高效的教育。

(3) 家庭道德教育是大学生道德教育的基础。家庭是孩子的第一个课堂，是最为基础的教育组织机构。因此，一个家庭优良的教育，有助于培养学生良好的道德素养。学生有三分之一的时间在家庭教育中成长，家庭给学生一个基本的教育起点，给学生提供最天然、最真挚的先天教育优势。所以，家庭的教育作用非常重要，这需要家长积极改变教育环境，尤其是在大数据时代，更应该熟悉网络，从中获取新的知识，增强学习能力，给孩子做好道德榜样，正确引导并激励孩子养成正确的价值观。

在大数据极大发展的时代，全球化、信息化、知识化的新浪潮，对家长提出了更高要求，为了应对新时代下的挑战，家长应该拥有美好的道德品质、高尚的品德情操以及良好的心理素质和文化修养，并且还要及时顺应时代潮流，学习网络技术和知识，这不但能够为孩子的健康成长带来保障，更能对家庭的和睦带来正向影响，家长要承担培养大数据信息时代人才的责任，也需要通过不断学习来完善提升自己。

互联网在信息时代，对家长一直以来的权威性造成巨大挑战，有的家长对网络知之甚少，这就使得家长难以与孩子进行沟通，对于家庭的教育更是有极大负面影响，如果不能有的放矢对孩子加以正确引导，那么家庭教育就无从谈起。所以家庭教育也要随着信息社会的发展而进步和改革，让所有家庭教育结合时代进行有时代特点的改变与革新，从而正确地引导学生对于网络上道德观、价值观、正义观等的自我判断，也增强自己网络上的自我调控能力，也能保护自己的利益，引导他们拥有更好的更高尚的道德习惯。

(4) 在面对复杂的网络环境时，家长的心理素质、网络技能、现代道德教育知识等需要进行更新升级，从而为孩子树立道德榜样，实现家长和孩子共同成长，更好践行新时代道德教育模范。家长是孩子的第一任教师，面对全球化、信息化及知识化的影响，家长应承担起道德教育执行者的重担，更需要与时俱进，积极掌握最新信息，提高孩子的道德素养。此外，家长应该积极引导孩子正确上网，养成良好的上网习惯，杜绝一些不良信息，树立正确的价值观，培养学生养成网络自律、道德责任及网络诚信意识，让学生在复杂的网络环境中，做出正确选择，使得自己的合法权益在网络世界中得到保护，从而使他们养成良好的道德情操。

(二) 虚拟世界与现实世界的合力

虚拟与现实这一对相互对照的词语各有不同解释。虚拟是用网络数字化世界中的形式进行超越和反应，而现实是客观存在的，于是事物之间的联系都包括社会、自然以及人与人之间的联系活动。虚拟现实世界的联系需要在以下三个方面多关注。

(1) 在虚实两者之间的网络世界中，实现对高校学生道德教育学科教学的合力。网络世界是虚拟存在的，人们以昵称、ID、数字、邮箱等虚拟称号来作为身份的识别，但是同时网络主体都是生存在现实社会之中的人，所以他们也具有现实性。在虚拟的网络世界之中，活动也要受到现实制约，因为这与他们实际生活有千丝万缕关系，所以对于这个虚拟世界之中最重要的主体——大学生群体来说，网络世界既有现实又有虚拟性。[①]

同时网络世界之中也有主体客体之分，其中客体主要是指在网络世界之中任何网络活动的受动一方，因为其本身是通过虚拟数字化信息存在的，但这些信息也是现实的：第一，网络世界中的消费主体和生产主体来源于现实；第二，网络世界之中最大的信息也大多来源于现实；第三，网络世界之中的信息，在流动传递之后大多也流向了现实世界；第四，网络社会是为现实服务的。受动方同时也

[①] 张再兴．网络思想政治教育研究[M]．北京：经济科学出版社，2009．

有现实性和虚拟性，这与网络世界的主体一致，是现实的人在虚拟网络之中的符号化体现。

网络社会、技术和文化世界都分别具有现实性与虚拟性。第一，最重要的手段与方法是技术，技术可以满足人类的社会需要，并且可以依靠对于自然规律、物质、网络、信息的创造与运用对自然系统进行人工改造。支持虚拟网络的计算机、通信、电子、网络技术等变化，都会随着社会发展而不断变化，但不变的是网络世界的虚拟化。人类在不断完善技术的同时，技术也会限制和规范人类行为。第二，网络世界是有情感性和思想性的不同的思想也会带着非常强烈的个人色彩，满意的、高兴的、反对的、赞成的、愿意交流的、愿意沉默的、保持冷静的、喜欢狂热的都是根据自己的生活兴趣和爱好决定的。

总的来说，在网络世界之中，虚拟和现实两者对于大学生应该有的道德教育合力非常重要，在信息技术飞速发展的时代，只有更好地把握虚拟现实两者之间的关系，更好地把教育的方法结合时代的发展规律，让虚拟性和数字化模式充分调动学生们的自主性和能动性，可以使他们的综合能力得到极大提高。并且通过网络世界之中的虚拟实践，让更为复杂多样、具有发展的道德内容展现出来，让教育者首先意识到虚拟与现实的关系，并让道德教育对学生们产生人生指导作用。并让教育者也同时认识到。所有的网络问题终究脱离不了现实社会。因此，教育者在教学过程之中，不仅仅要对网络进行研究，也必须要挖掘学生之中出现的各种网络上涉及道德的问题，以及这些问题的现实根源和背景，只有先解决现实问题，才能营造出更健康的网络环境，也能让道德品质往更好的方向发展。

(2) 以网络化为核心的大数据时代，主要营造了虚拟世界的环境，以实体化为表征的物质时代，主要构建了现实世界的环境。因而要掌握网络化与实体化之间的关系，必须清楚虚拟世界与现实世界之间的差异。只有明确二者之间的异同，才能在开展大学生道德教育过程中，发挥网络化的虚拟世界与实体化世界的合力作用。

网络化与实体化不同，意味着虚拟世界与现实世界存在着差异。从本质上来说，网络与实体的差异，或者虚拟与现实的不同，是由于比特与原子的迥然相异造成。现实世界是物质的世界，而物质实体是由原子组成的；虚拟世界是数字的世界，而数字网络是由比特表征的。原子与比特截然不同的成分组构，形成现实世界与虚拟世界的基质差异。

现实世界与虚拟世界既具有差异性，也具有同一性。现实世界与虚拟世界的同一性，主要表现为：①主体相同。现实世界与虚拟世界是针对相同的主体来说，从还原论与发生学的角度分析，现实世界是诞生虚拟世界的母体，现实与虚拟具有同源性；②属性相同。现实与虚拟是事物的存在形式，现实属性与虚拟属性可以体现在相同的事物中，也可以分属于不同的事物；③对象相同。现实与虚拟都是对人性的重要表征，都是对人的本质力量体现与彰显。

此外，现实世界与虚拟世界还具有统一性，主要表现为：①现实与虚拟可以相互建构。现实与虚拟互为依托，彼此支撑，扶持共存；②现实与虚拟可以相互渗透。现实世界兼具实体化与网络化，只是实体化表现为现实世界的主要方面，而虚拟世界既表征为网络化，掺杂着实体化的成分；③现实与虚拟可以相互补充。现实世界与虚拟世界并不完美，但二者能够互相弥补对方的不足；④现实与虚拟可以相互影响。现实世界会对虚拟世界产生或积极，或消极的影响，而虚拟世界中的网络事件、网络现象与网络行为，也会对现实世界造成或消极，或积极的影响；⑤现实与虚拟可以相互转化。在条件允许情况下，虚拟可以转化为现实，而现实也能够转化为虚拟。

总的来说，互联网时代大学生道德教育工作的开展，必须深刻理解现实世界与虚拟世界的相互关系。二者之间的差异性要求高校必须重视大学生道德教育在网络环境下的特殊性，二者之间的同一性要求高校必须重视道德教育在现实世界和虚拟世界的连续共性与断裂个性，二者之间对立性要求高校必须运用新的方式和方法开展大学生德育工作，针对互联网时代大学生道德教育中暴露出的新问题，展现出的新特点，做到有的放矢，具体问题具体分析，二者之间的统一性要求高校在开展大学生德育工作过程中，必须善于从现实世界分析网络道德问题，找准解决各种道德问题的根源与策略。

第三节　大数据时代的大学生道德教育方法

随着互联网技术的突飞猛进，社会活动有了极大的改变。教育从整体上来说是比较独立的社会系统，它有独特的构成方式，而随着信息技术的不断深入，教育活动也逐渐开始依赖于互联网、信息技术、数据资源。因此，在大数据时代背景下，开展大学生道德教育必须结合新的时代特征，创新教育方法，才能取得真正的效果。

一、网络道德教育与现实道德教育的结合

随着大数据时代的到来，大学生的道德教育逐步区分为网络教育以及现实教育，两者既有联系又有区别，二者具有相同的教育功能，现实道德教育为网络教育的发展奠定根基，网络又使得现实的道德教育能够有更为广阔的延伸和发展。将网络道德教育与现实道德教育相结合，在实践中将会大大提高大学生道德教育的实效。[①]

（一）现实道德教育为基础

把大学生的道德按照网络道德和现实道德作区分时要注意，网络道德在本质上是现实道德在网络虚拟世界的反映，现实道德对于网络道德来说是基础，网络道德之所以具有特殊性，是受到互联网特性的影响。目前的网络用户中，有很多是大学生，他们有双重身份，既是现实的社会人，也是网络的主体人。现实社会的教育体系所包含的主流道德观在持续影响着大学生，影响着他们的行为，在这个基础上，大学生形成了自己的道德观念、性格和品质。大学生来到网络世界以后，这些观念也被他们慢慢带到里面，反过来影响着网络道德和网络世界。在网络世界，大学生会表现和显示出他们在现实生活中形成的品质、

---

① 彭颜红．论当代大学生道德教育传播载体的创新[J]．思想理论教育导刊，2011(2)：92-95．

行为准则和基本道德观念。但是，网络道德具有一定特殊性，它一方面会适应网络虚拟世界的需求，另一方面也应避免和现实道德出现对立状态或发生冲突。对于网络道德的价值取向，现实道德会在深层发挥导向作用。人在现实生活和网络社会生活中都是主体，离开现实空间的活动，任何网络行为都无法独立存在。

在社会活动中，出于共识，大学生在行为上必然会遵循一定约定俗成的模式，它们是历史产物，在潜移默化中约束着大学生，这就是现实社会道德。现实社会道德涉及的范围很广，网络道德也包含其中，现实道德还会对网络道德产生引导和指示作用，为网络道德的形成提供着基础和精神动力。现实道德教育是以大学生内在自我为基础，由外部风俗、传统观念和舆论一起构成的。对于网络道德教育，现实道德教育会产生评价的主导作用。通过评判大学生网络道德，现实道德教育能促使大学生网络道德发展走向正确方向。对于网络道德教育，现实道德教育会产生主导的指向作用。

一方面，舆论监督着大学生网络道德发展，会对大学生网络道德方面出现的偏差进行一定评判，鞭策其向正确的好的方向发展；另一方面，现实道德通过持续培育大学生，能促使其从更深层面对个人道德水平进行反思和考量，引导其主动不断提升自身网络道德。对于网络道德教育，现实道德教育会产生规范的主导作用，体现就是约束社会的整体价值取向。从本质上说，道德属于一种自发约束力，在网络生活中，这种约束也有体现，具体体现就是调节功能。不过，这种约束力的来源是现实中大学生形成的道德认知。对于网络道德教育，现实道德教育有很深的引导作用，具体来说，如果现实道德教育具有正确性，它就能为网络教育提供良好土壤，如果现实道德存在问题，网络道德对此也会有所体现。从本质上说，网络道德方面存在的问题是现实道德方面存在的问题。另外，由于所受教育有一定的不同，大学生现实道德水平的差别，也会通过对其网络行为的影响而体现出来，由于所受教育不同，大学生在行为方式上也会有不一样的表现。即便是同一个学生，因为时间和地点差异，其现实道德水平表现方面的差异，也会导致其网络道德行为的展现出现差异。

(二) 网络道德教育为继承

网络道德教育会继承现实道德教育。现实道德教育在发展过程中形成了大量宝贵经验，以及一套效果很好的道德教育体系。网络社会为道德教育开辟了新空间。网络道德教育在发展过程中，要对现实道德教育有所取舍，在此基础上，将当下时代中社会上新的价值体系和大学生新出现的思想观念纳入进来，结合大数据互联网技术以及现实道德方面的好的教学成果，持续创新。网络技术一直在发展，大数据在各个方面融进了大学生生活，人们以往关于网络道德教育的认知被颠覆，还因此面临更多机会。互联网的自由性给教育带来了更多受众；互联网的便捷性让教育传递更加及时；互联网所具有的多种功能，让其具备了别样魅力。在大数据时代，只有互联网才有这些特质。

网络给教育带来了变革，进一步提升着教育者所具有的教育水平。进行网络道德教育，是指实现网络技术和道德教育的相互提升和促进。网络技术可被作为道德教育提升和发展的必要方法，道德教育的开展要从时代角度出发对问题进行审视，从时代角度出发去进行提升。网络能够将信息以更快的速度传播到更广的区域，教育体系具有面向大众和持续更新的特点，在教育方面，速度更快的网络带来了更多便利，通过它，道德教育内容很快就能被传播到社会的每一个角落。网络道德教育可以一步步深入不同主体、环节和阶段，让教育有新生力量，并且创设更好的教育环境。网络内容具有具体、鲜活和丰富的特点，这会促使学生在接受道德教育时拥有和以往不同的状态，显现更多活力。网络道德教育对于学生的具体需要能做到更准确地掌握，这能帮助教育者进行准确评价。注意可能出现的问题，及时解决，道德教育因而也能拉近和学生的距离，具有更高的效率和更强的实效。

网络道德教育会发展现实道德教育。在大数据时代，发展道德教育就是让以往的道德教育在机制、认知、观点和方式等方面都和大数据时代的背景相匹配，更符合个人发展以及网络社会发展的需求，对人的全面发展和网络的发展带来更多提升，让道德教育能够实现数据化、网络化和信息化。网络道德教育对道德教育进行了发展，而且这种发展属于现代道德教育范畴的。在网络影响下，现实道德教育发生了极大变化。在网络上，教育的双方地位平等，这对双方提出了更高要求，提供教育的一方要表现得更主动，接收教育的一方也应更自觉。在具体内容上，关于世界的认知、价值观念的组建和伦理体系的形成，大学生产生了新要求；通过网络，教育的科技水平和科技含量也得到提升；对于大学生来说，网络在言论方面为他们提供了更广阔的舞台。在方法上，通过网络，教育者能更多地了解学生真实想法，在教育过程中可以因人而异。对大学生自我约束能力进行提高；通过网络，道德教育也有了更便捷的方法；网络让道德教育有了更具吸引力的手段。

（三）网络道德教育和现实道德教育有机结合

网络道德教育和现实道德教育有机结合主要表现在三个方面。

(1) 对于教育的终极目标来说，网络道德教育和现实道德教育存在着相同之处。道德教育主要是把教育的过程以目标、理念和行为等方面要素作为组成方式。对于目标教育来说，主要体现在党中央的各项大政方针所倡导的各个方面；对于理念教育来说，主要是以马克思主义为学习方向；对于行为教育来说，主要是以当今时代的法律法规以及道德规范为主。对于接受教育的学生而言，他们生活在充满时代气息的特殊年代，在他们身上既存在着传统观念下共同的人格特点，又有着个性化区别，所以在对他们实施教育时，要尽可能兼顾到个人差别，因材施教，针对他们的性格特点，有目标地实施教育。目标、理念和行为三个方面是不可分割的，对于每名学生的培养和教育都要结合实际，按照受教育者的实际认知水平等，对学生进行有针对性教育。

在对学生进行现实道德教育时，有一种教育方式是对其内心进行塑造，把教育内容清晰明了地表达出来，让他们能够清楚自己的行为规范，并遵循一定准则。在对学生进行网络道德教育时，更加侧重让学生在不知不觉中接受教育。在现代社会，学生的独立意识往往比较强，他们通过自己对社会的接触和了解，在自己思想观念中对这个社会有一定的评价和判断，而且这种评价和判断一经形成，便很难被外来事物所左右。在这种情况下，网络道德教育的优势便逐渐显现出来。这种教育形式的优点在于，通过丰富的人或事，吸引学生认知，结合现实生活中的道德教育，让学生从中受到教育，并进一步引起思考，对照自身存在的问题，进行深刻反省，并从内心深处由衷地生发出与这个时代当顺应的观念和做法。

(2) 网络道德教育和现实道德教育相结合，可以使受教育者从想法到行动达到一致。在现在这个信息社会，网络的飞速发展，使人类的生活发生了颠覆性变化，世界各地所发生的每一件事，可以在极短的时间内传播到任何一个角落。这些传播的内容，会为学生带来许多意想不到的后果。从某种意义上说，网络世界的安全直接影响着现实社会的安全。如果让接受这些信息的学生能够更多地接受其中的正能量，必须要治理好网络环境，并以此带动现实社会的良好秩序。如果实现这一点，当下首先要做的是要让学生具有正确的思想观念，并以此指导自身的行为规范。①

在实现网络道德教育和现实道德教育相结合的前提下，才能摒除一切不良习气，从而树立起良好的道德风尚。与我们的想法不可能完全相符的情况是，每个个体无论从思想还是行为上，都存在着个性化差别，只要有差别存在，在不同的人身上便会存在着不同的道德观念，而这些道德观念又会影响和支配个人行为，并对他们生活的各个方面带来影响。

在这个网络时代，学生对周围的了解在一定程度上是源自网络，他们通过网络接触这个世界，开阔视野，增长见识。作为学生沟通交流的主要渠道之一，网络所带给他们的影响之大，使得学生在不知不觉中产生了差别，包括性格的差别和人生观、世界观、价值观的差别等。任何事物都具有两面性，网络也不例外。所以，在对学生进行教育时，不能只是简单地注重把学生与网络和现实进行联系，而是要充分发挥网络的教育引导作用，通过多种手段，让学生真正通过网络途径和现实途径的有机结合，接受真正的道德教育。

(3) 在对学生开展的各类教育中，对他们实施的道德教育显得尤为重要，甚至可以说是一切教育的前提和基础。因为只有对学生实施了道德教育，才能够帮助他们进一步树立道德观念，提高道德素养，从而形成符合道德规范的个人习惯。

---

① 张明海，周艳红．大数据时代大学生数据素养教育的目标定位及体系构建[J]．图书馆，2016(10)：22-23

要达到这样的教育目的，要使学生清楚地意识到，要让自己向着高尚的道德目标迈进，首先要对道德有一个清晰认知，之后才能以这种认知指导和规范自己的言行，久而久之，便会内化于心，外化于形，使之真正成为约束自身行为的重要规范。在这里，网络道德教育和现实道德教育的相互作用，相互融合更彰显了其重要性。

从现阶段网络世界来讲，由于充斥着很多不确定因素，学生在沉迷网络时，一旦放松警惕，便会深陷其中不能自拔。所以在对学生进行网络教育时，要考虑这一点，要引领学生接受正面的道德教育，使其在接受教育教程中，明辨是非，去其糟粕，取其精华，通过接受深刻的教育，坚定自己的思想意志。仅仅这样还不够，还要让学生通过接受道德教育，从内心可以对一些行为是否符合道德标准有一个正确看法，从而真正在他们的思想中形成一套衡量道德的标准，清楚地分辨出什么行为符合道德标准，什么行为违背道德标准，并以此对照和规范自身行为，并与社会所倡导的道德规范相适应。

所谓道德，是人们对自己行为的一种无形规范，这种规范具有约束性，具有高尚道德的人，也一定是对自己约束力比较强的人。人们之所以提倡要遵守道德规范，并不是为了用道德约束人，而是通过人们对道德有了深刻认知以后，通过内心对道德规范的认同，使其转化成一种发自内心的、无形的约束力，让人们自发地做好道德规范的践行者和传承者。

(4) 对学生开展道德教育，能够真正触动到他们的心灵深处。我们提出的网络道德教育和现实道德教育存在的相同之处在于，都是通过道德教育，触动学生的内心深处，从而真正激发他们的内部潜在能力。网络世界是一个巨大平台，为学生开辟一个无限广阔的天地。但是必须要应用好这个网络平台，把虚拟的网络世界与真实的现实世界相结合，充分发挥二者长处，使受教育者在接受教育时，满怀愉悦地积极学习，并不断拓展学习外延，借助网络优势，以更广的知识面和更快的速度，获得更多知识，挖掘自己的内在动力。不仅如此，通过网络教育，还可以进一步拓展学生的认知空间，带领他们接触更多领域，开阔他们的视野，拓宽他们的思维。通过网络信息传播，让学生轻松掌握世界上的最新动向，了解各地风土人情，增加他们知识领域的广度和深度，增强他们分辨世界的能力。

二、数字技术和人文精神的结合

数字信息技术在高校迅猛发展和广泛应用的同时，高校传统的人文精神教育却逐渐衰落。因此，大数据时代的大学生道德教育必须将数字信息技术与人文精神教育结合起来。

（一）数字技术为必要方式

在大学生道德教育方面，数字技术是必要方式。它是人类历史上最伟大的技术成就之一，是网络主要特征之一。数字化是指对种类繁多、数量庞大的图、文、影、音信息进行转码，把它们转换为一串符号或数字．接下来进一步转成可以被计算机读懂的二进制代码，在计算机里存储，借助计算机和网络进行传播。虽然网络信息是海量的，而且有不同表现方式，但是，由于他们最后都可以转化成数字形式，所以从根本上说，他们都能统一叫作“数字信息”。对于大学生道德教育，数字化技术起着关键性的支撑作用。大学生道德教育在技术方面实现数字化，就是组建包括数字化的道德教育资源库、用于传输道德教育资源的网络和用于检索和浏览道德教育资源的前端平台在内的大学生道德教育方面的技术，帮助教育者实现信息化教学。在大学生道德教育方面，数字信息技术是核心技术，其他方面的大学生道德教育技术都依附于它，没有它，其他相关技术也无法实现。从本质上说，在大学生道德教育方面实现数字化，就是凭借数字化和信息化方面的技术支持，围绕大学生道德教育的建设，构建一套涉及认知、理论、方式、模式和实质的完善的教育模式。通过不断运用和推广这样的模式，能在一定程度上实现大学生道德教育在数字化基础上的提升，最后产生极大作用。

（二）人文精神教育为重要组成部分

在大学生道德教育方面，人文精神教育是重要的组成部分。大学生道德教育要对人文精神突出重点。所谓人文精神，就是在各类文化因子和人文学科基础上，提炼出来的共同规范及准则特点、价值观念等。它的思想内涵建立的基础是对人本质的深刻理解，它体现着以人为核心、关心和理解人的情怀和理念。人文精神具有丰富含义，具体来说包括：以道德为出发点，研究人的需要和信念；从正义角度出发，思考和探讨自由与公正；以对人的尊重为最高追求，更加重视人的个性需求，探讨生命等命题和对人的终极关怀。在内在层面，它以人的思考为基础，对人的主体地位进行突出，对人性的主导作用进行强调，发现对于人的关心和爱。通过数字技术运用，大学生道德教育外延得到无限扩展，不过，仔细思考其内涵，就会发现其中存在对人文精神培养的忽视。在大学生道德教育方面，新技术的确能提供很多便利，不过，我们更不能忽略它带来的精神冲击。在以往教育中，存在程式化问题和盲目推崇数字化的问题，这导致很多教育最后成了简单的技能训练；生存方式的数字化，导致大学生在一定程度上出现了符号化和抽象化的问题；由于缺少人文精神，一定程度上导致大学生出现心理和道德困境等。因此，大学生道德教育过程中，必须对人文精神教育加以重视和体现，也可以说，必须加强教育本身的人文意蕴。

(三) 数字技术与人文精神有机结合

事物都是有利有弊的，信息技术也如此。信息技术一方面给人们带来了更多便利，让很多事情变得更快捷，另一方面也产生了一些负面影响，比如信息污染等。鉴于此，对大学生进行道德教育时，要将数字信息技术和人文精神教育结合在一起。

(1) 在内容的控制上将数字技术与人文精神有机结合起来。充分利用数字技术、网络技术等对信息进行分类、过滤；给网络注入人文色彩，充分发挥人对不良信息进行控制的作用，尽量以正面事件和正面能量来引导学生；对学生的行为进行数据挖掘和分析，以便对其未来的可能的行为趋向做出预测；对不同的学生进行不同的人文精神教育内容的推送。

(2) 在教育的方式上将数字技术与人文精神有机结合起来。人文精神如果想要对整个网络环境产生有效的影响，必然先从源头上进行治理，还要把大学生放在整体道德环境建设的核心地位。然而，人文精神在具体的学生的身上表现在追求、信念、道德、人和、气质和修养等各个方面，每个方面都有特定的人文内涵和文明理念，因此，传统的教育方式必然在学生的人文精神教育方面表现弱化。而发达的数据技术的运用将在大学生人文精神教育的方式上实现多样化。

(3) 在内容的传播方式上将数字技术与人文精神有机结合起来。数字信息技术使人文精神的传播获得了超越时空的普遍意义。因此，在大学生道德教育的过程中，教育者要快速传播大学生道德教育的内容，必须学会并善于利用各种数字信息技术手段，教育者要将体现了人文精神的道德教育内容有效展现给学生，那么在多种类型的传播过程中也必须学会并善于运用各种技术形式。

三、数据思维与传统经验相结合

教育是人类社会永恒、普遍的现象，伴随着人类的产生而产生，随着社会的发展而发展，因而时至今日，教育活动已经累积了大量的教育经验，将教育现象作为研究对象的教育学，揭示了教育的规律，帮助人们认识了教育领域事物之间的本质联系及其发展过程的必然趋势，为教育实践提供了理论指导。一代又一代的教育研究者不断将自身的教育经验进行理论抽象，从而丰富了教育理论的内容。面对正在到来的大数据时代，教育研究者和工作者均遇到了新的问题。庞杂的内容、碎片的信息、细分的受众、精准的推送，给大学生道德教育带来了“信息茧房”效应。在这样的束缚下，大学生的人脉被自我限制，个人的观点、见解往往也会因为以自我为中心而成为偏见，并且容易让自己变得十分狭隘，不能从整体上把握社会，产生极端心理。因此，面对新情况、新问题，教育研究者和工作者必须结合教育的传统经验，同时树立数据思维，拆掉思维的墙，为大数据时代的大学生道德教育提供强有力的理念引导。

（一）数据思维是一种全新的思维形式

数据思维是高校学生思想道德教育的一种全新思维形式，主要体现在以下三个方面。

首先，数据思维需要从所有方面来切入。随着大数据时代的到来，大家在数据的收集和分析以及存储等方面有了很大程度增强，加入大家想要获取的最值得信赖的信息，一定要做到对数据内含的价值属性进行解析，针对资讯展开精准评价。网络的出现突破了信息传播的空间约束，但是也使得宽广的信息维度被屏蔽了，让数据呈现出片面性和局限性，这样一来大家获取信息的时候也不够全面不够深入。随着变化的形成也使得老师在进行工作时需要做到的更多，它也向老师提出一定要积极地去熟悉与选取信息，去寻找影像信息、数据信息，去探索所有的搜索形式、社交平台和巨大的数据，同时可以按照自己已经掌握的知识，对这些数据进行梳理，把当中所涉及的想法和价值取向以及习惯等进行划分和筛选，按照学习者的需要，给学习者供给他们需要的资源和服务，而且这些资源和服务应该是成系统化的、全面的和全部化的融合体，这样一来老师才可以全面去掌握高校学生的思考方式、认知的高度、言语模式、自身需求等。

其次，在开展数据思维时它是一种模糊的思维方式。现在正是大数据急速发展的大时代，高校学生在道德教育方面的问题都能够借助大数据这个技术来展开科学准确分析，这种形式也和现在信息的发展是相符合的，通过这种形式也可以对学习者的道德水平进行准确的评价。但是，这种形式虽然带来了方便，然而也使得一些错误的和不好的信息同时流入进来，这样一来，道德教育的难度也相应增加了。从这些可以看出来，从事高校学习道德教育的老师，也要相应建立起一种相对模糊的思维方式。老师也不是运用一种模模糊糊的思维状态，针对高校学生的道德水准展开评判，它是当高校学生的道德状态处在一种模糊不清相对复杂的情形之下，老师能够借助模糊的思维通过自己对高校学生的道德水平的感知从而得到一个大致结果，之后再将自身经验融入其中，对当中的不足加以补充，它的最终目标也是追求准确。立足实际情况，高校学生的思维和普通年轻人不一样，高校学生道德思维都有着本身的不准确性、应仓性和活动性，这也造成了高校学生道德思维存在着一些繁琐性，因此在进行教育时也一定要根据这些烦琐的原因，借助不一样的方式体现了出来。这也要求老师要将自己的抽象推理的技能和综合总结技能融合在一起，然后按照高校学生自己的习惯和鲜明的特点来准确地给出不一样的解决方法。

最后，数据思维也是一种开放性的思维方式。在大数据这个大环境之中，数据的形成和信息传导的宽广性和多样性以及活动性有着紧密联系，同时还和数据的繁琐程度以及更新进度有着密不可分的关系，所以，从事高校学生道德教育的老师的数据思维还要具有一定开放性。由于现在这个社会是一个开放社会，它不再局限于原来的计划经济和自然经济条件下的人际社会的小圈子里，这种长时间交际很少的闭塞状态也随之终结了。伴随着信息技术尤其是互联网技术的快速前进，社会的数据化和网络化的特点也逐渐显现出来。从这里就可以发现，在进行道德教育时，老师对于数据要有着极强的敏感性，对价值要有着准确的判断，这样才能够获取大数据环境下道德教育的经验，同时可以把经验总结为自己的理论，这样才能够对实践教育进行更好的指引。

（二）数据思维和传统经验融合在一起

在大学生道德教育中将数据思维与传统经验有机结合起来，需要注意四个方面。

第一，便携式智能教育载体的普及。当今科学技术的进步，将人们带入一个大数据时代。对大学生的教育方式有了新的，灵活多变的选择。这是传统纸质媒介所无法做到的。如今在大学生群体之间，平板电脑和智能手机已经基本普及，这些电子设备本身所具有的灵活性，深受大学生青睐。现在的施教者可以通过例如微信或微博等公共平台，对大学生进行道德教育。在这些公众平台上选择将要发布的议题时，需要依据实际情况并结合自身丰富的道德教育经验，通过对网络上的信息进行层层过滤和筛选，将最积极和阳光的一面展现给学生，与此同时，也要适时关注学生的反馈，经常注意他们的情感以及道德意志的变化，并引导他们的行为向正确的方向发展。

第二，把所接受的有关信息进行删减。随着现阶段各种媒体介质的迅猛发展，这些传播介质变得越来越小，使得学生在接受道德教育的有关信息也变得相对较少。同时，这些媒体介质接受的信息也变得零碎基于这一点，很多学生便充分利用所有可以利用的时间收集有关信息。。在当今飞速发展的社会，一些可以作为教育信息传播的载体被研制得越来越先进，体积越来越精巧，学生对于信息的获得达到了随时可得，信息的内容变得越来越简短，人们对于信息的了解越来越趋于表面化，对于深层次的理解变得很稀缺。这要求在对学生实施道德教育时，要充分结合现实社会的实际情况，对学生进行切实可能的道德教育，要尽量迎合学生的阅读特点，把具有文化底蕴的道理充分进行提炼、总结，使得这些教育内容更具有吸引力和说服力。在形式上可以采取多样化的特点，借助各类静态和动态的表现形式，如微博和微信等，这些传播途径有着一个共同之处，就是实效性强，短小精悍，而且比较有趣，能够充分引起学生的兴趣，吸引他们的注意力。另外，这种途径的传播方式还具有一个很大的优点，就是制作及时，传播迅速，可以在很短的时间内被广泛传播，取得很好的教育效果。

第三，可以区分接受教育的人群。目前，被广泛应用的大数据能够把接受教育的各类人进行分类，在对学生实施教育时，可以依照分好的类别对其实施有针对性的教育。在对他们进行分别归类时，可以把学生所具有的一定元素作为划分标准，如学习是否优秀、家乡所在地、本人的家庭情况等，然后按照划分的类别开展教育，一方面是先由学生按照自身的各方面情况自主选择接受教育的内容；另一方面则是由对学生实施教育者在制定好相应的培训目标以后，再根据学生的实际情况适时加以调整和完善，通过某种平台将教育计划进行公布，让学生充分了解，使学生更加清楚和理解接受相关的教育，让道德教育变得具有针对性和准确性。

第四，道德教育更接地气。在这个纷繁复杂的社会，让学生接受道德教育的内容更加丰富，接受教育的途径更加宽阔，使得每一个人都能够参与进来，既是教育的实施者，又是教育的接受者。从这种意义上说，道德教育的实施者不再局限于传统意义上的教师，教育的场所也不再局限于传统意义上的课堂。也可以这样说，每一个人，每一处场所，都可以作为教育的实施者和实施教育的场所。所有加入道德教育中的人、事和环境，都可以作为道德教育传播的载体，这种局面的形成，给传统意义上的教育赋予了新的内涵，不再是停留在空泛的说教，而使得教育更加接地气。

四、情境认知与泛在教育的结合

对学生开展的各类教育是一个有规律可循的过程，所以实施教育要遵循实际情况，有针对性、有目标地进行。对于大学生所开展的道德教育，要结合大学生的实际情况、知识层面和认知规律等进行。在科技飞速发展的当今社会，网络成为这个时代无所不涉及的必要载体，所以要充分利用网络途径，结合现实社会的实际情况，对学生开展道德教育。

（一）情境的认知是必要的形式

高校学生道德教育不可或缺的形式就是情境认知。教育活动都是在相对的情境中进行的，高校学生在和环境的相互交流的进程中，知识的学习也随之建立起来，它既不是由客观所确定的，也不是随主观形成的，在进行知识学习时是交互进行的。所以高校学生道德教育要把不同的情境纳入到教育中来。

第一，学习所内含的意义。情境认知理论认为，活动和知识是相互共存的，因此，学习知识的进程其实是实践的主体加入到实践活动的一个进程，在这样的进程中，其他人和环境都能够对它形成一定影响，实现这个进程，实践的主体就能够产生加入实践活动的技能，这样一来实践主体的社会化素养也会得以提升。现在，高校学生进行学习实践活动的一个相当重要的平台就是社会这个大环境，由于按照现实情况来讲，虽然高校学生处在课堂之中，但是他们的心可能会在互联网之中，所以，高校学生积极学习这种行为的产生，也要有与之相配合的文化背景和活动情境。由于处于学校这个大众化的教育环境之中，学习者所掌握的知识都是不具体的、死板的、不灵活的，这使得许多学习者不能够将所学的知识运用于实践之中。

第二，学习的实际方式。情境认知理论认为，高校学生的学习活动要在他们真实的生活环境中展开，唯有将其和高校学生的现实环境结合在一起，才能使学习实践活动取得切实的成效。处在大数据环境中，现实社会中的高校学生都有着不一样的文化背景和目的、信仰以及道德水平等，但是处在互联网这个大环境中，一些兴趣爱好和认知相同的人聚集在了一起，一个巨大的网络团体也随之产生，这样一来也严重影响到了高校学生的道德实践与道德认知。高校学生在自身所营造的网络之中，都有着自己的角色和交际圈，因此他们自己在参加网络实践的进程中，不但获取也传播了一些他们自己所允许的资讯，在这个进程中，他们自己也影响到了这个圈子，这样一来高校学生和网络团体也在逐渐互相作用和影响。

第三，老师所身处的位置。情境认知理论认为，在进行学习时，老师是学习者进行学习的指引者、推进者和参加者以及合作者，老师为学生供给真实的学习场景，创建学习架构，熟悉学习者原有的知识经验，督促学习者借助他们在社会和物理这个环境下去构建知识与含义，增进学习者全面素养与综合能力的发展，这就是他们所起到的作用。老师要和学习者一起去承担责任，一起去做出决断，互相体谅。这和大数据时代给教育带来的变革正好是吻合的。

(二) 未来教育的趋势是泛在教育

高校学生道德教育的未来趋势就是泛在教育，“普遍存在、无所不在”的教育讲的就是泛在教育，随着物联网、自媒体、云计算以及平板电脑的出现，泛在教育也有了开展的基础。现在，高校学子借助移动网络和无线网络以及个人可携带装备，能够和所有的地方所有的人进行连接，所以他们也更加期盼，可以随时随地都能够运用自己的装备和他们所需要的网络进行连接，展开生活和娱乐以及学习等活动。

第一，高校学生的成长世界。现在的高校学生一般都是和网络的发展一起来成长的，他们是在现实环境与网络环境中同时生活的人。人一出生就在现实环境中接受着教育，父母的以身作则和生活场景的感染，伴随着年龄的不断增长，他们也开始接受学校教育，他们从幼儿教育开始到小学教育、中学教育一直到大学教育，在走进社会之后，又开始接受到社会教育的熏陶，即便自己没有意识到自身是处在被教育这个角色。在这个过程中，他们还同时接受网络环境的教育。或许一个幼儿在还没有进入学校学习时，已经开始使用移动设备，无时不在的网络环境使得网络教育比他们的学校教育来地还要早得多，在这个现实情形之下，针对高校学子的道德教育一定要采取相应措施。

第二，学习地点的泛在。学习者的生存时间和空间中，平常生活占主要部分，每一个学习者都会有特属于自己的生活方式、生活习惯、活动场所，因此每个人的人生经历以及发展道路也会有所不同。其实这一切都是由于高校学子针对自己发展的需求以及客观社会以及自然因素限制所产生的结果。生活时空之中，全部教育活动都属于个体的日常生活活动。社会之中的所有人无时无刻不在进行着学习，所以高校学子还是处在学习的时空中，不管他是处在课堂之上或是校园之内。处在学习这个大环境之中，学习就是高校学子活动的直接目的，这当中，老师的教育活动是主要的活动所在，这当中主要的教育场所就是教室，完成教育活动的辅助元素就是教室之中的所有设施和设备。除了这些之外，我们通常把脱离学校的教育教学称之为社会教育。而它不同于学校教育，所有的教育内容都是事先准备好的，它的内容更广泛，甚至面向所有人群，在这个过程中学习者可以和其他学习者共同交流。现如今信息飞速发展，不管学习者正位于或将要去任何时空，始终都离不开网络时空，而且任何时间都受到网络影响，并从中收获到大量有用信息。

（三）情境认知与泛在教育有机结合

在大学生道德教育中将情境认知与泛在教育有机结合起来，需要注意三个方面。

(1) 为学生创造合适的教育平台。在无处不在的网络时代，到处充斥的尖端科技都离不开网络的支持，这些高科技包括有高端的电脑设备以及网络连接等，并使之有机地结合在一起，这些硬件设备为学生更好地接受教育提供了有力支持，同时也为学生提供了更多的选择。所以，在对学生实施道德教育时，要真正从学生的实际情况出发，从硬件器材、学习资料等方面找到最适合学生的，做到以学生的学习为主，并在具体过程中不断完善。

(2) 为学生传递各种有关信息。在对学生进行教育时，要通过学生对所传递知识的接受情况判断学生的现实状态，经过正确的研判之后，再采取及时有效的教育方式。在信息社会，学生接收信息的途径来自方方面面，并且不断地在现实和网络虚拟空间切换，从而形成多维的思想环境。正是在这种环境中的形成，帮助教育实施者不断更正和修订自己的教育规划，并使之日益完善健全。在这个网络时代，现实与网络的结合，给了接受教育的学生更加广阔的学习空间，这些充斥在学习者思维中的各种各样信息，传递给他们不计其数的道德教育元素，这些元素会聚在一起，逐渐影响学生对道德教育的总体认知，从而形成一定模式的行为特点。教育的实施者会充分利用这一点，在对学生进行总结的基础上，因人而异，因材施教，对不同的接受人群传递不同的教育信息，开展不同的教育。

(3) 对学生的学习结果给予客观评价。多种形式的道德教育结合多样化的教学环境，能够给予学生最好的教育效果。在对学生实施教育之后，教育者还要及时对教育的成果进行验证，验证的最佳形式是对学生所接受的教育结果进行收集，这些结果包含多个方面，如学生在学习过程中的表现、与其他人之间的互动、个人在自己个性的构成要素方面所发生的潜移默化变化，以及其他因素所发生的变化等。教育实施者再对所收集到的各类信息进行汇总，分析之后，对教育的实施过程中各个方面进行重点阐述，对所取得的成果进行客观评价，以不断修订完善此前所制定的教育总体规划和最终目标。

第五章　大数据时代大学生网络道德教育的必要性与对策

网络在带给大学生学习、生活、思想上影响的同时，也影响了高校的大学生道德教育工作。本章围绕大数据时代大学生网络道德教育的必要性与对策，阐述大数据时代加强大学生网络道德教育的必要性，对大学生网络道德教育的现状与问题进行分析，并对其主要对策进行论述。

第一节　大数据时代加强大学生网络道德教育的必要性

1994 年我国接入互联网，而随着互联网在高校大学生中的普及，大学生的网络道德问题也越来越多的让人重视。

2018 年，中国互联网络信息中心(CNNIC)发布第 43 次《中国互联网络发展状况统计报告》。报告显示，截至 2018 年 12 月，我国网民规模达 8.29 亿，全年新增网民 5653 万，互联网普及率为 59.6%，较 2017 年底提升 3.8 个百分点。用电脑上网的人群正在减少，手机网民持续增加，我国手机网民规模达 8.17 亿，网民通过手机接入互联网的比例高达 98.6%；使用台式电脑上网的比例为 48.0%，较 2017 年底下降 5 个百分点。

我国网民以青少年、青年和中年群体为主。截至 2018 年，10~39 岁群体占总体网民的 70.8%。其中 20~29 岁年龄段的网民占比最高，达 27.9%；10~19 岁、30-39 岁群体占比分别为 18.2%、24.7%，与 2017 年末基本保持一致。30~49 岁中年网民群体占比由 2017 年末的 36.7%扩大至 39.9%，互联网在中年人群中的渗透加强。

以上数据说明了一个问题，虽然目前的发展趋势，网络使用者呈现出越来越低龄化的特征，但由于低龄化用户始终受到其监护人的约束，无论是在用网时间或选择用网内容方面。用网时间自由且不受约束的大学生用户，仍然是网络群体中最为庞大的一群，又因为长时间沉浸网络与不受约束，大学生易受到网络各种信息影响。因此，关注大学生用网道德教育，成为高校开展德育教育的重要组成内容之一。

随着高校信息化建设深化发展，学生能够利用的网络资源也越来越多，从最初校园限制网络速度、网络流量的时代逐步过渡到速度不限、流量不限的现在，从单一电脑客户端网络丰富到客户端网络移动网络并行的时代，网络早已经深深烙印进大学生的生活，也对大学生的生活方式、学习方式、思维方式等产生了无可比拟的影响。但是不得不引起学校和社会警惕的是，网络在为大学生的生活带来更多便利、精神生活带来更多内容的同时，网络内容也混装了很多糟粕性的信息，大学生在接收这些糟粕性信息之后，影响了道德观念和行为方式，为自己和他人带来严重的不良后果。因此，加强大学生网络道德教育，帮助大学生甄别信息并养成正确的道德观和行为方式，已经到了迫在眉睫的地步。

一、提升大学生网络道德素养的必要性

大学生与网络的结合是一种必然。大学生的某些特质与网络的某些特点，达到了一种完美的结合。例如，网络具有开放性、专业性、多样性、交互性特点，这些特点的熟识和熟练应用，需要操作者具备一定的知识水平，而大学生正好具备这类知识水平。大学生本身的某些特质也是其更容易与网络产生密切关系的原因所在。大学生正处于对任何事物都好奇而且能够通过自身了解找到答案的年纪，互联网的适时出现满足了大学生的这种需求。所以，基数的不断扩大，大学生群体在网络中受到不良影响的概率也越来越大，到目前为止，大学生受网络不良信息影响的案例越来越多。学校对于大学生网络安全的教育也越来越重视。所谓大学生网络教育，指在一定思想理论指导下，遵从教育的基本规律，系统地为大学生量身打造预防糟粕信息侵蚀的教育方案，并是其成为内化为学生自身的一种道德约束，自觉抵制不良信息的侵蚀。

网络不同于其他传播媒介，其具有自身所独有的特点。在网络中，信息的传播是等距离的，在某一个角落发出的信息可以瞬间传遍整个地球，而非像书籍、广播等传统媒介受制于地域和地域上所表现的国家、地区等。当信息传播是近距时，网络用户会同时收到各种不同的信息。作为大学生，正是人生中最重要的阶段，人生观价值观在这个阶段形成。但这个阶段又处于分辨能力较差、抵制不良信息能力差的阶段。大量不良信息都会对大学生的观念造成巨大冲击。

网络与其他媒介不同的是其虚拟性。一些大学生不断沉迷于网络世界不能自拔。一个典型的案例是网络游戏的发展，很多自制能力较差的大学生将时间和金钱投入其中，甚至不惜荒废学业。网络的虚拟性还扭曲了现实中某些事情的认定，很多大学生沉迷于虚拟世界，一旦分不清虚拟与现实，很容易在现实中造成不可预料的后果。此外，大学生的交际能力也与网络社会有关。由此可知，提升大学生的网络道德素养以及加强网络道德教育是非常必要的。

二、完善网络环境的必要性

网络本身作为一种现代技术是无对错之分的。但因为固有特点，造成了积极或者消极的影响。积极的影响在于大学生可能通过网络，丰富自身的知识体系，开阔视野，不断提升自己。

网络道德教育不能满足于走过场或者填鸭式的教育方式，而是要真正在实践中贯彻。实践出真知，只有在实践中教会学生如何辨别信息，如何抵制不良信息，才能够使学生真正领悟。网络教育的主体客体之间的联系，不能只是理论的说教而更应该是身临其境的传授，即注重网络环境。

网络没有优劣之分，但网络环境却有。大学生身处健康的网络环境中时，会对社会更加积极乐观；身处不良网络环境中，会不断受到负面信息的影响，对人生、对社会做出悲观的评价。

高校将网络道德教育纳入学校教育体系，不断推动网络环境的改善。如同任何事物的发展都离不开周围环境的影响，大学生的网络道德水平也必受限于网络环境的优劣。

网络时代，学校的职责之一是创建一个良好的网络环境，使学生能够在此环境中达到潜移默化的正向教育。我国大部分高校已经重视网络环境的建设，很多高校创立了红色网站，通过各种方式吸引甚至明确要求学生在此网站的规则内进行网络活动。这些措施起到了一定效果，提升了学生的网络道德水平，促进了网络的健康发展。但是，目前的各种措施仍然停留在表面，还需要学校或者教师为学生甄别出信息的优劣。学生自身的甄别能力仍然未有提高。根据木桶理论，学生自身甄别能力为短板，则必须加强这方面的能力建设，通过网络教育，提升大学生的网络道德水平。

三、构建大学和谐校园的必要性

构建和谐社会的一个重要方面，是构建和谐校园。和谐校园指教师与学生等教育主体之间能够和谐平等相处，各项教育设施在内的教育环境和谐发展。教师与学生是教育本身所具有的两个重要组成部分。教师作为网络道德教育的教育者，其自身素质和能力是衡量这门课程质量的关键因素。高校教育者首先要对网络做到了解，并且能够对其有独到且正确的认识，能够设身处地理解网络中的各种新鲜事物，并体会学生在网络中可能遇到的各种状态。教育者的教育方法应该随着时代变化而变得更加与时俱进，用网络教授网络知识，而不是用书本教授网络知识。但是，大学生网络道德教育仍然陷入“填鸭式”的教育中日复一日地讲授枯燥的内容，完全不能引起学生的学习兴趣。和谐校园的构建在这里体现的并不明显，仍然需要从观念到行动上大幅度改进。

大学生对于网络的依赖性，使得学生对于社会生活的参与程度过于弱化。人际关系与人际交往能力出现了问题。这些问题都为和谐校园、和谐社会的构建增加了不利因素。因为网络的某些负面影响已经持续了一段时间，大学生的网络道德评价已经受到影响，客观地反映出大学生素养的下降。网络的便捷性与开放性本应该成为学生在学习工作生活中的得力助手，但现实中却往往呈现出与期望相反的场景，很多学生误用或者滥用这种便捷性与开放型。加强大学生网络道德教育已经刻不容缓。高校应该抓住机会，努力营造一种健康积极向上的网络氛围，在教师积极引导下，学生快乐学习基础上，达到培养大学生网络道德教育的目的。

第二节　大学生网络道德教育的现状与问题分析

网络在带给大学生学习、生活、思想上影响的同时，也影响了高校的大学生道德教育工作。网络是一把“双刃剑”，它的产生既为高校德育工作提供了新途径、新方法、新手段，也给大学生道德教育带来了严峻的挑战，使网络道德教育逐渐成为一个不容忽视的课题。

所谓网络道德，就是网络社会中的社会公德，是指在虚拟的“网络社会”中，专门调节人与人、人与社会之间的特殊利益关系的道德价值观念和行为规范。高校网络道德教育是针对大学生网络生活中的问题进行规范与引导，并在这个过程中彰显其价值。高校网络道德教育的现状主要有两个方面。

一、网络道德教育取得的成绩

大学生网络道德教育伴随着网络的产生而开始，在学校、家庭和社会的共同努力下取得了一定的成绩。

（一）在传统道德教育方面

网络时代的社会与现实社会有着根本不同，除了人们的生活行为存在很大差异，其道德规范也大相径庭。由于本身的特性，网络社会被人们称为虚拟社会，在这个虚拟的网络社会中，网络社会与现实社会虽然可以同时存在，但是却不能发现人们的任何基本信息。既然现实社会下产生了网络社会，那么，关于大学生的伦理道德教育应该开辟新的领域，网络道德作为一项新内容，也必须加入大学生道德教育行列。

在网络社会形成过程中，大学生原有的价值观念和行为规范受到冲击，学生群体中甚至出现了道德失范的现象，对建立正确的大学生形象产生了极差影响。

高校是大学生接受道德教育的主要阵地，当面临网络社会带来的新问题时，高校理应通过深入了解网络发展状态，及时掌握大学生道德素质受影响的具体情况，并积极主动地开展大学生网络德育教育工作，有针对性地把网络道德教育提升到高校道德教育的重点工作层面。[①]

当前，高校道德教育克服了传统道德教育的不足，赋予了其新的内容。中国互联网协会在 2006 年发布《文明上网自律公约》，号召互联网从业者和广大网民从自身做起，在以积极态度促进互联网健康发展的同时，承担起应负的社会责任，始终把国家和公众利益放在首位，坚持文明办网，文明上网。

随着网络的普及，高校道德教育也增加了网络道德教育的新内容，注重加强大学生对网络信息的主体选择性的教育和培养。高校网络道德教育主要是以开设思想政治课为主渠道，引导大学生树立正确的网络道德意识，给大学生灌输网络文明公约，规范大学生网络道德行为。

（二）高校道德教育工作的效率方面

在高校教育工作中，传统的道德教育主要依靠教师的说教形式，由于教师始终占据着主导地位，忽视了学生接受道德教育的程度。因为学生的学习只是为了应付考试，并没有积极主动地接受道德教育，所以，这种被动的教育方法并没有获得理想的教育效果，也没有实现德育的最终目标。

然而，网络具备更加广阔的空间，并且可以为高校道德教育工作提供丰富的资源，教育工作者不仅可以利用网络快速地查阅各种信息，也可以及时了解更多的新动态，借助学习到的新教育方法，有计划地开展教育活动，以便更好地开展教育活动和顺利地完成教育目标，对于开展大学生网络道德教育发挥积极作用。为了提高学生自身的网络道德意识，教育工作者可以把网络上的人物事迹和生活片段贯穿道德教育的相关内容中，通过开展网络知识竞赛和网络游戏对抗等活动，可以正确引导大学生的网络道德行为，使大学生的校园文化生活变得更加丰富多彩。

---

① 王绍文．论大数据时代大学生的自主学习[J]．中国成人教育，2017(2)：10–14．

在新时期，高校应该宣扬新的道德模范，借助榜样的精神创建积极向上的校园氛围，以此开发全新的校园网络环境，并鼓励大学生积极与教师在网络上进行讨论和交流。通过网上的互动，教师要及时掌握学生的思想动态和存在的道德问题，更好地开展有针对性地道德教育活动。另外，学校可以利用多媒体技术建立自己的BBS(电子公告牌系统)，让每一项道德教育活动都能符合学生的学习诉求。因为这些先进的网络教育手段不仅可以有效地提高每个教育工作者的工作效率，而且能够推动大学生的个性发展，为高校的网络环境提供强大的道德动力。

（三）在大学生网络道德意识方面

在这个快速发展的网络时代，大学生活已经离不开网络，除了查阅学习资料，日常购物、娱乐、交友等社会活动，都可以利用网络实现。所以，理性处理网络信息等问题，应该引起高校的足够重视，以确保学生的道德责任感和网络道德意识朝着积极的方向发展。为了正确引导学生趋利避害，高校应该根据大学生的学习需求，调整原有的教学大纲，通过传授实际的网络道德知识，开展大学生网络道德教育的相关工作。

在丰富的网络信息面前，学生可能难以辨别事情的真伪，由于对网络道德问题缺乏清晰的认识，导致出现许多网络道德问题。为此，学校应引导学生正确利用网络，不断培养学生辨析网络信息的能力，并提醒他们要自觉地抵制不良信息，再遇到网络道德方面的问题，就能够迎刃而解。因为网络可以提供新闻、娱乐、学科知识等信息，并且这些信息更加生动多彩，所以会引起大学生的学习兴趣。那么，高校可以利用网络优势，唤起大学生的主体自律意识，通过不断开展网络道德教育，加强大学生的网络道德意识，以及增强大学生的社会责任感。同时，利用网络把枯燥的书本理论变成容易被大学生所接受的道德教育活动，以此提高他们参与学习的积极性和主动性，甚至培养学生更多的爱好和发掘出更强的学习潜能。

透过高校网络道德教育所取得的成绩可以发现，正确认识和利用网络能够有效提高大学生的道德素质和水平。所以，高校应该积极转变教育观念，在大学生的道德教育工作中，充分发挥网络优势。

二、网络道德教育存在的问题

当前教育已经掌握了大学生网络道德教育所拥有的优势，但是更应该看到目前高校网络道德教育仍然存在很多不足。既然已经发现了问题，那么应该深入探讨大学生网络道德教育的缺陷，只有积极解决问题，才能更好地指导高校顺利开展网络道德教育相关工作。[①]高校网络道德教育存在的问题，主要体现在以下三个方面。

（一）德育目标缺乏针对性

网络社会的发展会出现各种道德问题，因此网络道德教育由此而生，对网络道德问题进行规范和要求，至于其应该规范哪些道德行为或要求，以及和传统道德规范之间有着怎样的联系等问题，目前还在摸索阶段。

从理论角度来说，高校制定德育目标应该以党和国家的要求为基础和前提，才能推动社会主义现代化建设，适应国内网络发展要求，并有利于增强网络道德规范，使得网络传播更加规范和文明，让大学生网民能够自觉遵守网络道德要求，成为社会主义现代化事业的传承人。虽然，网络道德教育主要针对的是大学生网民，但实际上却没有将培养大学生网民作为具体的目标，在认识上还不够深刻和详尽，对大学生的基本道德观念、价值观念、自主选择都没有应有的重视。在制定目标时，只针对一般性规范，而忽视了大学生个性化特征，对学生在道德水准上的差异也重视不够，必然会造成大学生的发展和网络道德教育目标产生冲突，甚至背道而驰，让高校网络道德教育目标难以顺利完成。

很多高校受自身条件影响，在网络道德教育方面还比较不足，有些高校的网络道德教育活动也停留在形式方面，没有深入仔细关注大学生所面临的实际网络道德问题，所开展的教育没有体现出针对性和目标性。受传统教育理念影响，知识的传授还是高校的主要教育目标，对网络技术的传授和运用，并进行计算机等级考试，一直是高校的主要目标，而对网络道德问题的关注往往不够，不利于学

① 彭颜红．论当代大学生道德教育传播载体的创新[J]．思想理论教育导刊，2011(2)：92-95．

生形成良好的网络道德习惯，对其网络道德水平的提高也产生了重大制约。网络的便捷性也使得其出现了大量的负面能量，是导致大学生对网络道德教育认识不足的一个重要原因，网络的不道德行为没有得到及时纠正和教育。[①]

（二）德育教育脱离实际

社会发展的要求和被教育者的道德水平，制约道德教育的内容和手段。这是对道德教育性质的很好体现，并保证道德教育任务得以顺利完成。将被教育者的个体差异和道德教育的内容相结合，根据实际需要进行运用，不但可以加强道德教育的实用性，还能够有效提高被教育者的整体素养。

网络道德教育是基于网络社会而产生，因此教育内容需要体现网络社会的实际情况，并要从大学生的思想道德需求出发，才能高效地完成网络道德教育目标。弘扬马克思列宁主义、社会主义核心价值观以及科学发展观等，是网络道德教育不可或缺的重要内容，并要倡导集体观念、科学观念，将中国的优秀民族文化和传统道德观念进行传扬和升华。

具体来讲，网络道德教育对道德观念和道德行为，对学生的网络行为会产生重要影响。很多高校在课程中专门开设了网络道德教育课程，以此提高学生对网络工具的正确合理使用，自觉规范网络行为，防止过分沉溺网络而脱离现实生活。

尽管如此，高校的网络道德教育内容还存在不足之处，比如对内容的设计体现出形式重于实际的趋势，对学生获取网络知识信息的重视度较高，并笼统地对学生进行规定，却在学生遇到具体的网络不良行为时，没有及时纠正和引导。在养成学生良好的上网习惯、进行文明网络行为方面没有引起足够重视，对学生辨别网络信息的真假和网络行为自律性的培养都有欠缺，让学生产生不良的厌烦心理。加之网络道德教育的内容跟不上学生的发展需求，也让高校的网络教育问题迟迟得不到解决。

（三）德育方式相对单一

高校德育工作应该抓住网络发展这一重要机会，对大学生进行道德教育，可

---

① 赵国锋．网络时代大学生德育教育[J]．学术论坛，2005(9)：35．

以利用网络的便捷性，通过对网络道德教育的方法和手段进行分析，拓展网络道德教育的渠道，展开各种网络形式的道德教育。

现在，高校的校园网建设比较完善，为网络信息服务提供了便捷，表现在以下几点：其一，高校的日常管理、教学和科研活动中都离不开网络的作用，为校园日常工作提供了便捷；其二，网络服务综合了后勤服务、就业指导、心理咨询等功能；其三，网络服务丰富了学生的课后生活，让大学生可以自由获取想要了解的咨询。通过校园网的建设和不断完善，让学生的校园生活变得更加丰富多彩，让学生获取知识和咨询也更加便捷。

高校的道德教育活动在网络的普及和发展下得到质的飞跃，对其发展具有重要的推动作用，提升了学生的道德教育工作效率，但是要达到预期目标，还有待更进一步发展。很多高校开始重视网络道德教育，比较关注学生的网络道德水平，可是在实际教学时，却还是以传统的课堂教学和说教方式为主，这种方式很难获得学生的认可，和学生的互动不足，常常引起学生的抵触情绪。德育教育工作方式也是墨守成规，没有符合时代发展的要求，对网络的运用也略显不足，教学方式陈旧没有创新，必然解决不了新时代所出现的新的道德教育问题，造成学生学习热情不高，无法提升教学效率。

第三节　大学生网络道德教育的主要对策探讨

大学生网络德育是高校德育体系中的一个重要构成部分，也是必须引起重视的一个问题。大学生网络道德教育实效性，是指通过以大学生为德育受众的对象，实施网络道德教育行为，来促进社会和谐发展，使网络道德教育实际收效程度和网络道德教育资源投入比例适当平衡，从而保持网络道德教育高收益水平。但是从当前的网络道德教育存在的问题来看，高校网络德育并没有达到预期的效果，众多原因影响了高校网络道德教育的实效性。

一、影响大学生网络道德教育实效性的因素

（一）网络环境差

互联网具有有趣性、生动性、开放性、虚拟性等特性，能够扩大大学生的思想道德教育范畴。网络环境在信息传递、资源共享方面给学生营造了一个可以畅所欲言的平台，是大学生的主要聚集地，能够调动当代大学生对学习的积极性、主动性和主观性，提升学校教育的教学成果。但是，网络环境也改变了传统的道德教育。网络上的信息具有双面性，不良信息的传播会影响大学生的思想和道德教育，如果长期受到不良信息的侵蚀，学生很容易养成不良习惯，失去目标，阻碍大学生价值观、人生观和世界观的认知和培养。

网络是一个虚拟的空间，人人都可以在其中进行自由发言，网络也对传统的人际交往产生冲击，特别是在人与人之间的信任关系方面，由于网络的虚拟性，大学生通常将自己生活中不能达到的目标创建在虚拟的网络环境中，以求得在虚拟世界的极大认同感和满足感。这会导致大学生在虚拟和现实中存在巨大落差，不愿意面对现实，长期沉迷于网络，造成严重的心理疾病，影响大学生的健康成长。①

（二）教育者对网络道德教育认识不明确

引导学生建立优秀的道德体系，是高校开展网络道德教育的目的。教师在授课过程中，仍旧没有抓住网络道德教育出现的问题和特性进行教育，也没有改变原有的教学模式，有的教师甚至在网络教育法律法规、网络道德知识方面是匮乏的。由于没有受过专业培训，一部分教师依然坚持传统的教育理念，对新时代的网络道德教育知之甚少，只能凭借自己的经验和经历进行判断。高校网络道德教育还存在内容更新换代慢、教师素质不高的问题，这些都是不利于学生发展的。

受限于不同学校的基础设施和教育进度的差异，网络道德教育的开展也存在差异性，教学内容的更新不及时等问题也随之出现。很多学校都能意识到这些问题的

① 周杨．大学生思想道德与法治素养培育机制研究[J]．学校党建与思想教育：下，2018(4)：34-36.

存在，但是受限于教师的认知、课程的传统观念、上网出现的系列问题没有及时得到解决、大学生容易受到不良信息的影响等问题，学生的道德并没有向好的方面发展。在一些高校，由于网络条件的落后，学生的判断力较弱，更容易受到不良信息影响，导致网络道德教育无法得到学生的支持，更无法达到预期的教育效果。

有些学校的教师在面对网络环境时，缺乏对大学生的道德教育，道德教育方面与社会脱节，出现了一系列问题，导致大学生的道德教育不能适应新时代的发展，不能抵挡网络的冲击，阻碍了学生道德教育的发展，滞后于网络发展。这些都阻碍了网络道德教育工作的开展，对教学效果起到负面作用。①

（三）大学生个体发展的不稳定

大学生在身体和心理上都处于成长阶段，特别是在心理发展方面，会出现较大波动，心理承受能力较弱。这个时期，他们对知识的渴求，是思考能力和探索能力成长的重要阶段，感情方面波动也比较大，具有极端性和多边性的特点。这一个时期，极易导致他们在网络虚拟世界中失去目标，迷失自我。

大学生是一个勇于自我表现的群体，他们愿意在学校这个大舞台上自我表现和锻炼，提升自己各方面能力。他们积极参加学校组织的各项活动，通过活动向同学们展示自己的实力。在这个过程中，他们的过分自信、低估对手等心理如果再遇到比赛失利，容易造成极大的心理负担和心理打击，为了排解这种不良情绪，他们往往会通过网络途径进行发泄，导致他们参与活动的重心从线下转移到线上，甚至浪费大量时间在网络虚拟世界里，产生意志消沉，无法自拔。

大学生的好奇心和求知欲表现在他们对新鲜事物的尝试，面对虚拟网络世界的诱惑，由于心理素质较低、自制力弱，很容易误入歧途；加之他们的道德品质还未完善，没有良好的教育和监督概念，对大学生的道德品质培养没有正向引导，容易导致他们迷失自我，丧失自律，受到不良信息的影响，沉迷网络，对现实世界失去兴趣。

① 张文学，陈君．大学生道德教育有效性研究[J]．中国青年研究，2008(6)：87-90．

二、大学生网络道德教育问题的解决对策

加强大学生网络道德教育，实际上是一个庞大的系统工程。不仅需要加强大学生网络行为的理论研究，还需要增强对大学生网络行为的具体实践指导，帮助大学生掌握和遵守相应的网络道德规范，形成良好的网络行为模式。因此，如何加强大学生网络道德教育，采取什么样的对策提高大学生网络道德教育，是高校面临的一个重大课题。

（一）完善教育者的素质

教育者素质的高低是影响道德教育效果的重要因素，要想提升大学生网络道德，教育者素质的完善和提升应该先行。教育者在道德素养教育方面承担着重大责任，他们需要根据社会发展形势，依据国家对道德教育的要求，根据受教育者的实际情况，制定阶段性和长期性的教育目标，并实施教育。而这一系列过程，都应该以教育者自身要具有较高的道德素质为前提，教育者自身的能力和素质，对教育效果起着决定性作用，这是开展好一切道德教育的根基，教育者应该具有政治、思想、知识、能力、道德、生理和心理等方面的素质。

在网络环境下，教育者素质的高低直接影响到高校道德教育的效果，教育者也应根据社会的发展和变化完善自己的素质，以适应网络道德教育的需要，肩负起提高大学生网络道德素养的重任。完善教育者的素质应从三个方面做起。

1．教育工作者德育观念的转变

传统的教育，教师的教育观念存在过于保守、轻视和不明朗的问题，这些都是不利于学生网络道德教育的问题。随着时代发展，教师要学习新的观念和技术，利用新的网络行为引导、教育学生，利用新的技术手段，将道德教育发扬光大；要指引学生抵制网络诱惑、培养正确的互联网观念，在网络道德上有所突破，帮助学生解决上网过程中遇到的问题。同时，教师要教会学生进行心理压力疏导和网络信息的判断能力。教师首先要明确网络是具有广阔性、开放性、非现实性，除了可以获得大量的信息和资料外，还是一个非常公平、民主的平台，能够发会学生的自主学习和交流的积极性。

在网络环境中，教师和学生的地位是平等的，教师要调整自己的心态，建立双向的沟通和交流，引导学生在有关道德、兴趣方面遇到难以启齿的困扰时，可以通过网络手段向教师反馈。这样的操作方式能够让教师及时了解学生的心理变化和成长，找到教育突破口，对学生心理进行有效辅导，根据学生的心理状态，制定相应的教育方针。让高校道德教育能够走进学生心里，对他们的学习、生活产生正向影响。

2．教育工作者应具有丰富的理论知识

教育工作者没有丰富的理论知识是无法胜任教育工作的，系统地掌握马克思主义的理论知识，是教育工作者的基本要求。对高校教育工作者而言，马克思主义理论是基本功。教育者应用马克思主义辩证唯物主义和历史唯物主义的基本理论武装自己的头脑，具有正确的世界观、人生观和价值观并具有自觉维护正确的“三观”的责任感，熟悉运用网络技术，能及时认识和解决网络传播中出现的问题，使网络道德教育更具有说服力，能吸引学生的注意力，产生强烈的吸引力和感染力。教育者也要有开拓创新的精神，探索网络道德教育的新模式。

3．教育工作者应具有良好的业务水平

教育者要具备政治性强、业务精湛、纪律严明、作风正派、专业知识过硬、能力素质较高，具备丰富德育经验和较高的网络技术水平，能熟练地使用网络，了解网络的特征，同时要具有创新意识，能够以敏锐的思维反映网络道德问题，迅速地展开行动，有针对性地开展道德教育活动。教育部门和各个高校也要及时组织对教师进行技术培训，从各个方面创造条件上对教育者给予大力支持和帮助，使其能真正肩负起提高大学生网络道德的重任。

（二）深化网络道德教育内容

深化网络道德教育内容，要加强大学生网络规范意识和网络心理素质的培养。网络道德教育虽然在思想政治理论课中有一定的反映，但内容不够深刻、具体，因而缺乏针对性，道德教育效果不够理想。在实践的基础上，结合网络道德教育的基本内容和大学生网络道德的表现，加强网络道德教育可以深化以下几个方面

的内容。

1．网络道德规范教育的深化

高校开展网络道德教育必然要反映网络社会的新变化和大学生身心发展的需求，要引导大学生形成正确的网络道德观念，使他们认识到在网络社会中正如在现实社会中一样也应遵守相应的道德规范，树立文明上网的意识，做网络社会的道德人。在对大学生进行网络道德观念教育的同时要以马列主义思想为指导，注重对学生们进行世界观、人生观和价值观的教育以及爱国主义、社会主义、集体主义的教育，增强抵制错误思想的能力，提高他们正确的网络道德理念。同时，加强大学生网络价值观教育，价值观教育是大学生网络道德教育的核心内容，引导学生正确对待网络技术，减少网络上瘾、网络道德问题的产生。对大学生进行网络道德教育也应注意帮助大学生培养高尚的网络道德情操，用中国传统文化的“真善美”的标准进行教育，使他们产生道德认同感，形成积极、高尚的道德情操。

大学生网络道德教育的内涵丰富，外延宽广，而最基本最核心的内容是，大学生首先要遵守最基本的网络道德规范，树立正确的网络道德观念，注重自己在网络上的一言一行，从自身做起，维护好网络秩序。除了这些基本的要求，还应该注重大学生的网络礼仪教育，网络礼仪顾名思义即网络交往中的礼节。主要包括问候礼仪、交往礼仪、语言礼仪。通过网络道德基本内容和礼仪教育，能够使大学生更加注重上网过程中的行为，逐步提升道德素养。

结合当前网络发展形势，根据社会主义对道德的要求，应当逐步充实道德教育内容，使道德教育体系更加完善。因此，结合内外部形势，当前，大学生应该遵循以下规范：一是坚决依照相关法律、规定规范上网行为；二是恪守基本的行为道德规范；三是尊重各类知识产权，比如版权、专利；四是严禁参与危害国家、社会、集体以及个人的各类活动。

2．网络心理教育的加强

大学生的心理在网络环境中受到极大冲击，如果没有良好的心理承受能力，很容易产生心理问题，再加上现实生活中的学习、感情、找工作等压力，会加重心理负担。大学生还处于生理和心理发育成长的阶段，一旦受到网络不良信息的影响，如果承受不住，便会导致一系列心理问题的产生。因此，教师要及时发现学生的心理变化，并给予及时的心理咨询和心理教育。

在大学生网络心理教育方面，高校可以在网上开设专题，进行专业的心理咨询和心理健康指导，邀请心理咨询师进行指导和辅导。合理利用网络资源，开展教师和学生一对一的心理交谈工作。针对学生出现的问题，给予开导，使学生走出心理误区。在这个过程中，除了现实的心理素质，还要注意加强他们的网络心理素质，将心理素质教育和思想道德教育协同发展。

3．网络法制教育的加强

强有力的法律法规是保证大学生文明上网的重要途径，避免他们进行网络犯罪。网络的法律法规是营造良好网络环境的关键。高校应大力普及网络法律知识，要求大学生在网络环境中遵纪守法，做良好的网络公民。中国政府已经颁布了针对网络的法律法规，帮助大学生培养良好的网络道德品质。

网络法律意识是网络道德教育中的重要环节。只有让学生熟悉了相关的网络法律法规，才能够让他们用好网络这把双刃剑，才能够加强当代大学生的社会责任感和教育责任感，引导大学生做知法、守法的网络公民。同时，要加强学生在网络环境中的自我保护意识，提高他们的实非判断能力，提高他们道德标准，引导大学生利用网络途径，维护自身合法权益。

在加大普法的过程中，高校还可以通过线上宣传、线下讲座、网络法律知识竞赛等方法，加强大学生的网络意识，引导学生远离违法犯罪的行为。

（三）教育手段和方法的创新

利用创新的手段和方法，开启线上线下教育融合的教育方法，对大学生的网络道德教育进行教授，可以从不同层面进行。考虑大学生在网络上容易出现的问题，我们需要在教育方式、教育手段等方面重点关注，并不断加强网络道德教育的工作发展。

(1) 传统和现代互相融合的教育方法。利用教师以往的教学经验，通过线下课堂教育中的观念，对学生进行引导、教育。课堂上，教师授课，课堂外，学生自主活动，利用良好的网络环境，推进网络道德教育的课堂内和课堂外教育。

(2) 教师授课和学生自主学习相结合的教育方法。这是主动和被动，内部因素和外部因素相结合的一种手段。网络环境的复杂性，导致学生容易失去自我，这要求学生具备良好的自我控制能力、自主学习能力、抵制诱惑能力；培养正确的网络使用方法，为网络道德行为负责。

(3) 线上和线下相结合的教育方法。既要加强线上法律法规学习，充分发挥网络的积极作用，为学生学习提供更多的平台和资源，针对优良的信息进行鼓励和吸收，针对不良的信息进行批判和摒弃；形成正确的舆论观，培养学生正确判断是非的能力。同时，在线下通过传统课堂，加强道德素质的提高，以线下带动线上，提高学生整体网络素质。通过这种线上线下相结合的方式，达到高校道德教育效果。

（四）加强自我教育

任何内容、任何形式的教育，不仅包括外在的干预，即教育者的教育，也包含被教育者的自觉和自律。大学生网络道德教育受到各界的高度重视，政府、学校之间高度配合，政产学研联合共同推进道德教育。但这些外在的因素只是一种助力，要想网络道德教育达到更好的效果，应该培养大学生的网络道德自觉和自律。

如果说教育者的教育属于外在因素，那么道德自律就是内在因素。外在因素是助推器，内在因素才是核心。由外在干预实现自觉自律才是道德教育的最终目标。道德自律指的是自觉认同道德规范，同时主动用其规范自己的行为，这个过程几乎不需要外界参与，是一种发自内心的意识，并由此产生的行为，进而可以影响其他人，是一种由被动的接受教育，到主动践行的过程。对于大学生，自我教育应该关注以下三个方面。

第一，提高认知水平。通过某些道德事件，我们可以发现，大学生的不道德行为，或者对某件事产生了错误判断，并不是因为这些学生的品德素养缺失，而是因为他们对道德认识不深。在这种情况下，只需要正确引导，让他们树立正确的是非观即可。因此高校应该通过开设相关网络道德课程，对学生进行正确引导，使学生们的认知水平得到提升，进而促成学生们形成正确的观念和行为。

第二，规范网络道德行为。高校德育教育需要从被动干预，到形成学生自律的转变，要让学生能够在无人监督的情况下，主动遵守网络秩序，自觉规范自己的行为，严于律己。

第三，培养“慎独”精神。“慎独”是儒家思想之一，也是我国传统的伦理思想，继儒家之后，很多学着、专家都在提出了应用于不同领域的“慎独”精神。这种精神的内涵是自我认识、自我规范，是在无人约束的情况下，严格规范自己的行为，使之符合道德标准，也就是我们常说的“自律”。这种“慎独”精神也可以应用在大学生的网络道德教育领域，一是慎辨，也就是使大学生具有正确的是非观，二是慎言、慎行，即规范自己在网络空间中的言论和行为。通过慎辨、慎言和慎行等方面的教育，使大学生养成独处时的自律习惯，有助于网络道德素养和行为的提升。

大学生自觉自律遵守网络规范，并实时对自己的言论、行为进行对标，才是网络道德教育的本质。教育大学生逐步养成自律的习惯，才能在无人监管的状态下，采取正确的网络行为。

（五）加强网络管理力度

要打造强有力的网络管理，需要在网络道德监督和网络道德惩罚两个方面开展工作。目前，网络环境还没有成熟的法律法规作为有效的监督手段，加上大学生的思想和行为又极易受到网络影响，会导致他们在网络环境中表现出不负责任的态度，甚至出现违反道德的行为。所以，学校要建立专门的管理机构和管理人员，加强校园网络环境的监控和管理，及时查看学生的不良网络行为，并进行反馈和处理，特是在校园中不正确、不利于学生心理健康发展和道德品质培养的言论，应及时清除、屏蔽，以此共同维护好校园的网络环境，打造校园网络环境的保护墙。

高校的网络管理方式要以国家相关法律、法规为基础。高校的网络管理要结合学校的实际情况进行相关规定的制定，要求学生遵纪守法，针对较轻的涉事者采取口头警告、通报批评的手段，针对较重的涉事者采取离校查看、开除学籍的办法。通过一系列的惩罚机制，实现校园网络环境的净化，培养大学生的网络法律意识，做遵纪守法的好网民，培养大学生的网络道德品质。

（六）优化校园网络环境

校园网络环境的优化，是保障大学生正常使用网络的重要手段。随着互联网的发展，高校的道德教育不仅受社会影响，也受到网络影响，教师要重视校园网络环境的培养，关系到学校道德教育的重要因素，是培养大学生积极参加校园活动的关键，是学校道德教育的主要根据地之一。

可以从以下两个方面优化校园网络环境，发挥网络的现实用途。

一方面，建立专门服务学生、帮助学生成长的网络道德专题网站和多媒体教育平台。利用互联网优势，传播校园文化，弘扬中国特色社会主义，培养正确的政治意识。通过和国家政策和时事政策的结合，在学生的兴趣点和关注点上进行重点宣传和引导，针对不良信息和思想进行批判和摒弃，以此优化校园网络环境，培养学生明辨是非能力，引导大学生主动抵制网络不良信息，吸收优良信息。

另一方面，通过学术讲座、校园活动、歌唱、演讲比赛、辩论比赛等形式，丰富校园活动，丰富学生的日常生活。鼓励学生积极参与校园活动，通过校园文化力量，培养学生的学习态度、学识素质和道德品质；把互联网运用在校园活动中，通过线上、线下活动开展活动，促进教育发展，以此提高网络道德水平，让互联网成为学生学习和生活中的有力武器。

综上所述，网络的发展和道德的发展是息息相关的，大学生网络道德教育是一项漫长的工程，需要多方共同努力，共同管理，共同惩治，协调统一发展，才能够提高大学生的道德教育水平，提高校园环境中的道德教育。

第六章　大数据时代大学生道德教育的主要路径探索

大数据技术的深度挖掘，使大学生道德教育支持多模式、跨时空的学习科研环境，并真正与社会整体信息化应用环境融合。本章重点论述大数据时代大学生道德教育主要措施和教育机制。

第一节　大数据时代大学生道德教育主要措施

信息技术的发展，大数据时代的来临，数据发展战略的制定、大数据教育模式构建、大数据素养的培养等，均可以有效提升大学生道德教育的实效性。

一、数据发展战略的制定

从资源战略的角度进行分析，数据正在成为一种新形势下极为重要的资源，而且在未来的发展中，必然会具有极其重要的战略意义。因此，控制了与自然资源、人力资源并驾齐驱的数据资源，也就相当于掌握了国家的数字权利。目前，大数据时代正在影响并引领人们的思维，针对于此种现象的产生，高校的核心竞争力，必然包括对大数据的应用及分析。国家重视高校开展的大数据发展战略，并且制定了相关的配套措施，以确保有效推动大学生道德教育措施落到实处。[①]

（一）制定大数据发展战略已成世界趋势

随着网络技术、通信技术等的不断更新，人们每天需要的信息量以及传递的信息量，正在快速增长，因此，这对于数据的收集、运输，还有存储、分析等工作，提出了更高的要求，而相关的安全技术跟进，以及数据管理工作，也同样面临愈加严峻的挑战。当下，信息已经成为社会的三大资源之一，高效地发挥信息资源的优势，更好、更快地从海量数据与结构复杂的数据中，提取出有价值的信

① 胡弼成，王祖霖．“大数据”对教育的作用、挑战及教育变革趋势——大数据时代教育变革的最新研究进展综述[J]．现代大学教育，2015(4)：98-104．

息，成为各国竞争成功的关键。

英国政府已于 2011 年 11 月出台了对相关数据进行公开研究的战略决策，除了公开政府数据外，英国政府还耗资十万英镑，建立了全球第一个开放式的专业数据研究所，以帮助给予一些企业相关的数据支持，更好地参与公益性的商业活动。此外，英国政府还于 2013 年 1 月投入 1.89 亿英镑作为专项资金用于大数据技术的研发。

欧盟也建立了开放性的数据平台系统，其作用是进行数据整理，制定统一的语法，以帮助相关单位，可以利用数据资源，而不再是笼统地对数据资源进行整合。另外，任何人都有权下载并使用这些数据，并进行相关的开发以及应用活动。

美国政府开始实施“大数据研究和发展计划”，并在全世界范围内引发巨大的反响。美国政府实施的这个计划，牵扯部门较多，能源部、国家科学基金，还有国防部等诸多实权部门都包含其内，投资约 2 亿美元，主要用于数据收集、访问，还有组织等应用的发展，以及相关技术的开发，这个项目将提高国家处理海量数据的能力和数据的收集与分析能力，该计划仅凭政府的参与是不能完成的，还需要产业界、学术界的支持，共同进行大数据的分析与应用，使数据研发成为美国国家领域内，信息方面的重大突破。

目前，我国也正在进行大数据应用的相关研究，但现在还处于发展的起步阶段，大数据在公共领域的应用也十分简单，并主要被用在交通、电子政务，还有司法等系统。高校也开设了相关的大数据课程，进行大数据研发，在高等教育领域，由中国计算机学委员会组建的，大数据共享联盟，该组织完全由学术性组织，还有公益性组织构成，其目的在于搭建一个平台，该平台能够收集并展示大数据。为了确保平台的正常运营，需要完善相关的维护方案，并探索大数据的深层应用，只有这样，才能做到更快地收集数据、健全数据共享等功能。这个平台的建立，会对我国大数据领域的研究起到推动作用，从而实现研发方面质的突破。①

（二）“智慧校园”的建设

在教育信息化中，一个重要部分就是学校的教育信息化。在校园网建设不断

① 王婧．大数据时代大学生道德教育研究[M]．北京：现代教育出版社，2016．

普及、推广和发展的基础上，高校纷纷开始建设“数字校园”。“数字校园”一方面为学校的教学和科研管理创造了先进的网络环境，另一方面提供了迎合学生和教职人员需求的计算机环境、关联用户的应用环境、稳定安全的运行环境和数据集成环境。“数字校园”通过在数字化方面对高校进行整体规划和设计，使高校的个性化服务得到了更好地发展，打造出了具有整合性和关联性的信息系统，以及能够对环境起到支撑作用的有机集成系统。目前，云计算和物联网技术的迅速发展，使得教育信息化方面又表现出了新的发展方向和目标，即打造“智慧校园”。不断发展的云教育平台聚拢了大量的数据，而这将是未来教育活动开展的基础，在数据分析方法的帮助下，这些数据可以被转化成信息，使用者可以基于自身的知识经验选择有用的信息并将其转化成知识，这些知识可以帮助教育活动进行后期的改进，极大地推动了教育质量的提升，使因材施教真正成为现实。

个性化的教育服务理念是建设“智慧校园”的前提，这一服务理念首先要求能够全面感知四周的物理环境。相关网络通信技术能够实现无缝互通，一方面，在识别学习环境和学习者的基础上，在大量数据中挖掘有价值的数据并进行建模，同时分析并评估教学过程，让学校的教育环境变得更加开放；另一方面，网络通信技术能为学生和教职人员提高学校生活环境的舒适度，更好地满足师生在学习、工作和校园生活中的各种需要。“智慧校园”凭借其基本的物理感知能力，能够对教师的教学习惯、学生的学习习惯以及环境和物体的实际特点进行有效分析，建构出分析模型，在此基础上实现对教育发展规律的分析和对教育发展趋势的预测。

“智慧校园”是集合多种业务的网络模式，十分发达，可以进行各种数据和信息的实时传递。数据网络所具有的特点，减少了时空方面的限制，实现了信息化平台整合和集约化利用的同时进行，能更好地组织资源，对信息存储进行优化，让管理、控制和决策变得更加智能化。①

(1)“智慧校园”建设所需的硬性要求。“智慧校园”运用大数据技术对资源进行深入挖掘与推广，其信息化的应用能够做到很好地融入社会整体信息化应用环境中，能够容纳多种模式，不受时空和情景限制，展现出其面对最终用户所建

① 何蓓蓓，李岩. 大数据时代大学生思想政治教育工作创新探究[J]. 教育探索，2015(8)：108-110.

立的个性化、社会化以及综合化的学习科研氛围。具体说来，建设“智慧校园”有三个方面要求。

首先，“智慧校园”建设的硬性要求体现在方方面面，如：便利的上网环境，也就是校园网络基础设施的完备，具体可以归类为四个方面：①网络接入：高校在未来都应该具备有线、无线和移动网络三者相辅相成的校园网络基础，即有线特用、无线为主以及移动网络作为补充。而目前大多数高校的主要接入方式是以有线为主，无线为辅，只有部分高校借助校园网络渠道做到了有线和无限的结合。②教学网的建设：未来高校都应通过运用大数据来改善教学环境，为其提供技术支持，建立数字化、可视化的教学模式。③科研网的建设：未来的高校应该为师生提供一种便捷的管理使用权限，建立具有高速运转特点的云计算平台。④资源网的建设：高校在未来都应建立完善的智能网络以及覆盖面广的智能设备，以建成安全可靠、宽带高、容量大的网络，为大数据的储存和读取建立良好的网络环境。

其次，“智慧校园”的建设需要构建一个集数据、计算与存储于一体的校园网络环境，即需要构建能够高效运转的校园云计算平台。校园云计算平台的建设主要包括基础设施和计算系统的建设两个方面：基础设施的建设涵盖云计算平台、容灾系统、机房环境和云储存平台四三个部分，而计算系统的建设则指的是能够管理、运行维修云计算平台、培养一个其专属的服务团队并有效应用云计算服务、建设云计算管理系统以及构建一个安全的云计算环境。

最后，“智慧校园”的建设需要建设一种校园可感知的物联系统，即系统能够接纳、支持所有设备设施、智能终端联网的环境。高校可以借助现代信息科技的发展进步和先进的网络信息技术，搭建智能化的物联专用网络，建设一个可感知科研、教学、日常生活管理等各类不同需求的智能型管理网络，具体体现为：物联网环境、教学楼能耗监控系统、平安校园网络系统和校园生活管理系统的建设。

(2)“智慧校园”建设的弹性要求。弹性要求主要体现在“智慧校园”建设的制度保障和团队服务，需要收集学校的大数据，并对其进行深入挖掘分析，管理和应用，发现其价值所在。

第一，需要组建专业的人才团队。由于大数据发展势头高涨，导致大数据人才变得稀缺。"智慧校园"的建设同大学生道德教育二者所需要的大数据人才，都必须是像专业的数据科学家和数据工程师这样的人才集合。其言外之意即为：二者所需要的大数据人才需要具有统计学、计算机科学和人文科学背景，同时还需要熟悉教育领域，了解不同层面的教育技术，能够着眼于整体，制定切实可行的教育计划，能够有效收集和创新应用教育数据，能够对教育数据进行技术性分析，且具备一定的教育管理经验的综合型的大数据人才队伍。

第二，需要建立服务保障制度。就国家层面而言，国家应该制定能够快速推进高校等教育机构全面容纳大数据的应用，并鼓励其积极将大数据投入于教育行业的远景规划。就地方各级教育机构而言，为了改善教学和对教育决策提供相应的数据支持，各级教育机构应该制定一个建立线上教育平台和包含学生综合信息在内的系统规划，对大数据使用规范进行统一。就高校层面而言，各个高校需要搭建虚拟的学习社区，细致观察分析每一位学生，利用其行为模式，预估思想和行为倾向，并为其积极推荐合适的学习材料与资源，真正做到因材施教。

二、大数据教育模式的构建

未来教育信息化的大数据发展之路，将针对决策者构建大数据科学决策模式，针对教育者构建大数据知识服务模式，针对大学生构建大数据个性化教育模式。

（一）针对决策者的模式构建

目前，网络上的大学生数据在展现形式上是碎片化的。在大数据时代，如果想全面及时了解大学生道德方面的信息和数据，并对大数据进行有效利用，决策者就需要具备数据思维方式，而且思维要更加开放、敏捷，富于个性和前瞻性，以便更好地整合数据，从不同层面和角度分析数据，找到数据背后的隐藏信息。在整合并利用数据时，教育决策者要想充分发挥个体特性，就要保持对数据的敏感。整合分析与大学生道德有关的数据，能够更好地监测教育活动的开展和运行等整体情况，能够帮助决策者及时发现并解决存在的问题，在合适的时间和地点做出合适的决策。关于大学生的道德教育现状，决策者可以结合定量分析方式和定性分析方式，以便找出大学生道德教育方面的规律，预测大学生道德行为的发展趋势。大数据能够帮助决策者了解并把握教育发展规律的变化，并提供更加科学有效的相关数据支撑。

（二）针对教育者的服务模式的构建

作为一种信息服务模式，依托于大数据的知识服务在互联网、广播电视网和电信网等多种网络形式的基础上，对结构化、半结构化和非结构化数据进行处理，让信息服务业变得更加智慧化，具有协作性和先觉性。这种知识性服务模式是需要多方协作完成的，是嵌入式的，并体现着现代信息服务理念。在知识服务的生命周期中，涉及的要素包括资源技术、能力和使用者等，这种服务模式对以上要素进行了集成和优化，在大数据服务模式中处于核心地位，大数据模式下的知识服务，是智慧化的，并以用户自主需求为导向的。

大数据知识服务的系统构成涉及数据来源、服务资源、服务能力和服务过程等，作为使用者可以决定上述所有因素，为了让使用者自身数据的重要作用得到充分发挥，大数据研究和大数据服务的重心应向使用者的需求倾斜。具体来说，在以大数据技术为基础构建面向教育者的服务环境时，要对大数据制造方、处理方和运营方的资源以及使用者的资源进行充分整合，做好数据的获取、组织、存储和分析，完善大数据知识服务方面的生态系统。

大数据知识服务依托第三方平台展开，对信息进行获取、存储、分析和组织，把知识、资源、能力和过程都变为数据知识服务，在第三方服务平台上构成一个知识服务资源池，统一对大数据做管理和处理。基于既有的共性技术体系，根据行业、领域或需求的不同，建构异性技术体系的、更具专业性的大数据服务体系。对知识库、专家库以及处理数据和模型的框架进行综合利用，让基于大数据的数据获取、存储、分析和组织以及大数据决策的过程，都能全面实现知识、资源、能力和过程的共享。因此，面对海量的、分散的异构数据，教育者能够对有用数据进行更高效率地提取和使用。此外，还要进一步对大数据的利用率进行提升，充分发挥群体创新能力，让知识、数据和服务实现增值，支持教育与科学的充分发展。

（三）针对大学生的教育模式的构建

高等教育正越来越趋于大众化，由于人的精力有限，教育者很难详细掌握所有学生的情况，如果依靠传统方法，在这种情况下更难做到因材施教，个性化教学需求显得很苛刻。不过，大数据时代使得因材施教的目标有了实现的机会，因为教育者可以设计出针对不同学生个性的教学方案，采用适合不同学生个性的方法进行教学。根据国际个性化协会的定义，个性化教育是指教育者从学生自我认知、潜质以及其相关需求出发，综合调查、分析、研究、考评并判断学生的情况以后，制定出适用于学生个人的个性化的培养方案，并对相关的知识和学习方面的管理技术进行整合，确立教育目标和教育计划，通过对学生的思维、心态、信念和观念进行训练，使其潜能得到充分释放，帮助学生突破发展过程中的限制，完成自我超越，发挥自身的价值。在大数据时代对大学生进行个性化的道德教育时，首先要搜集、整合、分析并挖掘学生在道德方面的既有知识、情感、意志和行为等方面的大量数据，以此为基础，对不同学生的行为模式进行揭示，然后为学生制定个性化的道德教育目标和道德教育计划，同时利用针对性的方法和技术，帮助学生在道德发展方面实现自我成长，进行自我超越。

三、大数据素养的培养

大数据时代，离不开每个人对大数据的应用与支持，因此，需要提升个体方面的大数据素养。具体来说，就是改变传统的文化理念及思维方式。在大数据没有被应用之前，人们只是把数据当作工具。大数据的文化理念，就是以传统的数据为基石，一切必须尊重事实的发展，才能构建出客观的世界。中国的传统文化，深受儒家文化的影响，强调混沌与含蓄，对事物的评判，大多是比较圆滑的，现如今，大数据的使用，使得原来的思维方式，不再符合社会的发展形势。现代化的数据思维方式，具有鲜明的特征，注重的是准确、理性、逻辑清晰。数据的意义在于精确反映事实，明确记载科学知识。

（一）大数据意识的培养

在大数据时代，相关的变革力量正在改变着世界的面貌和人们各方面的习惯，在未来，人们的生存方式将越来越趋于数据化。在人们的传统观念中，世界是由社会现象、人的思维活动和自然现象建构而成的，在信息化社会和大数据时代，从根本上改变了这种传统认知，人们意识到，从本质上来说，世界是由不同信息建构而成的。每个人都要自觉地适应大数据时代，而如果要更好地适应大数据时代，就必须全面了解并深入分析大数据，会怎样改变人们的生活环境和思想行为，以及未来发展等各种相关问题。这样才能明白在大数据时代，生活和生存方式以及发展会受到何种影响，尤其是当前人们从事的行业会在大数据时代面临何种机遇和挑战。不过，人们无法在很短的时间内就培养起对数据的了解和分析能力，培养大数据意识需要长期的过程和系统的规划。

个人首先要树立明晰的数据意识，要对数字更敏感，然后要能全面认识数据，提升洞察力和鉴别力，对于数据的来源以及收集加工方法要能快速精准地做出判断，对数据所具有的价值和存在的局限要能进行充分评估，对于数据中包含的关键信息要能进行完整精准地解读，对于各种调查报告和统计结果体现的意义要能很好地理解和掌握。在大数据时代，数据代表着机遇，要想使个人的发展得到有力的数据支撑，就要对数据在变革人类社会中的关键作用有充分认识，明白大数据包含的大量信息和意义，树立明确的数据意识，更加注重对不同信息的收集、分析和存储。

（二）网络化学习能力的培养

信息化时代最明显的特征就是，互联网正在以无法想象的速度进行着数据的运算和处理，旨在帮助人们拓宽知识层面的广度和深度，从而改变人们的学习方式、工作方式以及生活方式。信息化时代的发展，在给人们创造发展机遇，提供便捷化信息的同时，也伴生了信息超载等问题，因为人的精力十分有限，不可能面对庞杂的海量信息，尤其是信息展现碎片特征时，就可能成为无人为津的垃圾。能够认识到这种现象，并且将其视为机遇，就会成为时代的领军人物，由此造成的社会两极分化，使得人们在采用网络与大数据时，既有激烈的博弈，又进行着深化与合作。在这种竞争的环境下，要适应时代的发展，不被抛弃，就应该顺应发展的要求，具备网络化学习素养，这已经成为每个人生存的必备技能，以及自身强大发展的关键要素。对于如何高效地处理海量信息，要找到最佳的学习方式，最根本的任务就是快速寻找并处理需要的数据。

网络化学习，由于结合了现代信息技术，采取文字、图形，还有声音和动画等形式，能够将现实的事物呈现出来，从而形成全新互动机制与学习方式。在大数据时代背景下，学习者首先要对相关的原始数据、文献资料等进行学习，也可以按照电子书，利用学习论坛等，更加灵活、更能合理地安排个体的学习时间。利用上述这些资源，强化网络化学习能力，是学习中取得关键成果的条件。掌握这种能力，会使大学生终身受益，所以提高大学生的网络化学习能力，同样是培养人才核心竞争力的主要方面之一。网络化学习，是传统学习方式及授课方式的变革，也是人类发展的重要体现，让人们能够随时学习，学习方式也更加便捷，更加能够迸发出创造的活力及竞争力。值得注意的是，网络化学习，相对传统的学习模式，具有灵活性的特征，但不是不讲规划，学习者在进行网络化学习时，要结合自身的情况，安排好学习内容、目标，要用长远目标结合短期目标的方式，进行逐步规划，达到自主学习的目的，成为自主学习的高手，要不断提高自身的学习能力、创新能力，还有实践能力，才能实现网络化学习的根本目的。

（三）数据分析能力的培养

除了要提高对大数据的重视程度，培养与数据相关的收集和学习能力外，能够科学正确地分析数据更为关键。在庞大的信息量面前，要从以下三个方面对数据的分析能力进行培养。

第一是认知数据的能力。面对海量信息时，对数据进行筛选的重要条件就是要具备敏锐的洞察力，能够做到初步对数据所包含的意义和具有的价值进行判断。

第二是收集数据和整理数据的能力。网络是很好地收集数据的渠道，通过网络完成数据收集后，要依据数据的特点以及性质做好整理和分类工作，这是数据分析的基础。

第三是表述和研究数据的能力。表述数据的能力就是解读和转述数据含义的能力，探究数据的能力就是综合分析数据、做出结论的能力。提升数据分析能力不能凭空进行，而要有坚实的基础，即数据应用目的要明晰，思维能力要高，数据分析方法要系统化。在数据应用需求的引导下，运用科学的方法，才能确保制定出科学的方案，科学监测并评估分析过程，通过合适的统计量表或图表对数据的典型性、相关性和波动性进行表述，发现隐藏在数据中的规律，同时做好分析结果的修正和调整。通过这个过程，碎片化的数据得到了条理性和系统性的整理。

（四）数据安全意识的培养

科技正在迅速进步，互联网也在迅速发展，人们迎来了云计算时代和大数据时代，个人生活也越来越数字化，并被持续记录、跟踪和传播，个人的信息安全和隐私保护等问题越来越凸显出来，引起了社会的普遍关注。当前，人类社会中各种数据的增长是爆炸式的，包括人们使用互联网和移动互联网时产生的图文、视频等信息方面的数据，还包括计算机信息系统存储的文件、多媒体和数据库等形式的数据，比如，来源于摄像头的数字信号，来源于天文望远镜的数量庞大的数据，以及来源于医疗物联网的和人有关的各种特征值等。

在大数据时代，数据爆炸式增长让数据安全和隐私保护成为重要问题。从很多实际案例中可以发现，如果数据处理出现问题，用户隐私会面临极大的威胁。在大数据时代，要更好地保护个人数据和信息，不仅要靠法律约束和政策管理，也需要个人树立保护数据信息安全的意识，提高保护数据信息安全的能力。个人要树立关于数据的节制意识，不在社交网站或平台上随意发布个人照片、敏感信息，尤其不要随便公开个人行踪。倘若已经发布或想要发布以上信息，尽量避免让陌生人看到，可以设置访问权限。在论坛或其他平台注册网络账号和设置密码时，尽量不要直接使用名字和生日，以免遭到破译和利用。另外，发送网络账号和相关密码时，尤其是与财产安全有关的密码(如支付宝)时，不要使用即时通信工具(如 QQ 和手机短信)。为了提升自身的信息保护能力，做好信息安全保护工作，个人还要自觉学习，主动接受这方面的教育，注意查看网络运营商给出的安全隐私方面的协议和提示，了解如何进行隐私设置。

第二节　大数据时代大学生道德教育机制研究

大数据时代下，传统的道德教育的机制已经不能完全适应其新的时代要求，构建符合大数据时代特征的大学生道德教育的机制成为必然。大数据时代的大学生道德教育机制的构建必须符合大数据的特征，能够体现大数据的价值，从而能够使大数据在大学生道德教育中发挥潜在作用。[①]

一、大数据时代的预测预警机制

（一）预测预警机制的主要内容

关于大学生的教育，尤其是品质方面的教育，正在受到社会上各种因素的影响，所以，大学生品质方面的培养，一定要结合生活中各方面的因素以及网络的因素等，并且有目的性、有计划地创建应对措施。

大数据的背景下，大学生品质培养相对应的防御措施指的是学校将调查得来的关于学生的品质方面的信息进行统计、加工，全面了解大学生品质方面的未来发展方向以及现状等，并针对各方面的信息给予合理的评价，给出科学的判断和假设，参考其发展情况设计不一样的应对方案和具体措施，然后执行相应的行动。

创建大学生道德品质的防御系统机制标准，一般分为道德品质的意识标准和道德品质的生活标准，以及道德品质的关系标准等。关于大学生品质意识的标准，又可以分为：①道德习惯，指的是掌握大学生现实中的行为习惯是否符合道德要求；②道德规范，指的是掌握大学生对现实生活中看到的一些行为是否能够给予正确客观的评价，这也是道德规范的标准；③道德界限，指的是掌握大学生对道德的含义以及道德所涉及的范围的认知程度，进而深入理解道德的理论特点等；④道德思想，指的是大学生对关于道德事件的理解和判断；⑤道德心理，指的是掌握大学生对经常出现的道德事件所形成的心理体验，进而理解道德的底线；⑥道德意志，指的是掌握大学生在面临困境时所体现出来的韧性和刻苦拼搏的精神；

① 赵国锋．网络时代大学生德育教育[J]．学术论坛，2005(9)：35．

⑦道德期望，指的是掌握大学生关于优秀道德品质的赞美和要求；⑧道德信仰，指的是掌握大学生对人们所推崇的道德行为和标准的认可和信任等。

对大学生道德品质的现实标准进行划分，主要包含：①道德判断，指的是掌握大学生在遇到道德思想与表现出现矛盾的情况时，所给予的评价和判断，以及此过程中经过的一系列心理反思；②道德反思，指的是掌握大学生根据经常出现的一些道德行为进行反省和判断；③道德素养，指的是大学生主动掌握与道德相关的理论知识，提高自身的道德素养。

大学生道德品质的联系标准分为个体与个体之间的道德联系，个体与群体之间的道德联系。掌握大学生在现实中的道德行为，以及与身边人之间所产生的影响和联系，与群体或者是社会之间所产生的联系和影响。

（二）预测预警机制中的大数据分析

由于调查研究所选取的研究对象不够完整全面，只能随机分散式地抽取样本，因此，研究对象的随机选取会影响调查结果的客观性以及真实性，所付出的时间成本非常高，而且这个过程执行起来，由于过于困难完成度也偏低。但是，可以通过现在的高科技抽取研究对象，这样，样本的选取覆盖面更为广泛，操作更加方便。之前所选取的随机抽样的方法虽然其操作过程的准确度非常高，但是所消耗的时间成本过高。在大数据的背景下，为了缩小调查结果与实际情况的距离，快速地掌握整体的发展框架与非常准确的结果相比就显得非常重要。大数据的运算和相关法则具有紧密的联系而与逻辑思维没有任何的关系，相关性指的就是两个自变量对应数值之间的关系。应用这种方法能够找出信息集合里不明显的关系，找到两个以及两个以上的信息集合之间的联系，再结合关联物的研究进而创建其关联性，以此为前提条件完成对现状的掌握并对将来做出评估。早期的信息解决方式是选取抽象的知识模型进而实现预估以及模型的改进和完善，与这种方式存在巨大差异的是，信息的相关分析选取完整的研究对象进行研究，不存在任何问题，同时还可以缩小调查结果与实际情况的距离。以信息预估的结论为前提条件，管理者能够对大学生的道德品质形成的情况进行客观地测评和监督，同时也能给予其他部门一些意见，预防道德风险的产生。[①]

(三) 预测预警机制的实施

现如今，对大数据运算的方法选取更加广泛，既可以在教育领域以及科学研究的领域中进行使用，也可以在人们的精神方面发挥正向的功能，并且大数据运算所发挥的功能可以根据学生的要求做出抉择和检测等，在遇到问题时，也能够立刻加以解决。

在大数据的背景下，大多数传统行业面临被取代的危机，例如，图书馆正在经历着这样的危机。大数据运算可以收集现在学生阅读书籍的信息，如学生喜爱的读书分类以及专业所需的书籍等，这些信息被存储在服务端，为研究和预测学生阅读书籍的需要，无形之中起到了辅助的作用，为管理工作者提供了有效的信息。此外，决策功能的发挥还可以帮助图书馆创建大众型的危机测评体系，例如，信息安全测评体系，这种体系最大的优点就是能够预估危机进而改进并完善防御措施，通过对各方面资源的研究，防止信息安全受到破坏。

二、大数据时代的数据化管理机制

(一) 数据化管理机制的主要内容

数据化管理机制涵盖了以下两方面的内容。

(1) 资源数据化处理。在这一阶段最困难的问题就是存储和计算，因此云计算的出现能够很好解决这两个问题，所以说每一个高校都在加强建设云教育，以此来提升资源利用率。大数据时代，打破了传统的教育资源方法，创造出了全新的方式，这种方式主要就是运用两大技术，第一个技术是内存检索，另一技术就是数据实时反应，通过合理运用这些技术就能够创造出以云计算为基础的大数据平台，并且在 MapReduce 编程的基础下进行数据的管理，这样就可以提升分析效率。

进行资源数据处理时需要以下几个步骤。

第一，学生信息数据、基础信息数据、学习信息数据、搜索信息数据以及教师信息数据等教育信息的资源，都是碎片数据的搜集来源。

---

① 王全福．大学生道德教育的辩证思考[J]．教育理论与实践，2004(16)：51-52．

第二，优良数据的产生，需要对数据进行不断地过滤与提取。

第三，经过此数据平台，可以对学生的娱乐行为与课后行为，以及学习行为与合作能力进行分析，同时可将数据上传给领导者。

第四，挖掘算法是聚合算法、回归算法以及分类算法等，同时已经实施的数据分析是挖掘数据，并且可以到处数据后面所隐蔽的具有价值的消息，类似于为学生找出合理的引导建议，只是为做决定提供参照。

第五，教师目前的教学成果、学生的学习成果是能够经过数据进行评价，并且预估此后的教学成果，进而为教师提供预估结果分析与挖掘的合理建议。

因此，在数据的挖掘上，对大数据时代的教育资源，可以应用数据挖掘技术，确定学生与教师所携带的价值信息的意义，从而做出引导、预警或是给出建议。

(2) 数据化服务的是教育资源。高校教育资源的服务形式、途径以及方法的改变，是因为高校资源服务伴随着大数据技术、云计算的崛起，使得师生对知识的需要也随之改变。

首先，师生只需要知道最后的真相，而不需要了解期间的过程，这是处于大数据的背景之下，教育方式变革的主要特点。由于只要使用大数据技术分析并挖掘多种数据，从而在使用何种教学模式并对教学成果以及学习成果的影响加以研究，并充分考虑此种教学方式可否被采纳，获得的反馈信息是否具有价值，成为高校数据处理中心考虑的主要问题。

其次，师生的本质要求，在大数据时代的资源服务过程中会表现得非常贴切以及主动。目前高校正处于“智慧校园”的背景下，新技术的运用，增强了资源的使用效果，另外，其资源能让师生尽情使用，不仅能让资源平台的建立以及服务评估等工作相互配合，还能动态掌握资源要求。这是系统经过搜集师生的“痕迹”存留与平台上的个性化要求实现的，由于资源中心的主动服务意愿得到加强，因而可以极大地提升师生对此的认可程度。

（二）数据化管理机制的主要作用

数据化管理机制涵盖了以下三方面的作用。

第一方面，主要针对高校管理人员，这种管理方式可以很好帮助高校管理人员清楚地去进行数据管理。能够帮助管理人员厘清思路，这样对于管理人员来说就有了更加明确的工作目标以及制度，还能够降低错误率，逐渐实现科学管理方式。

第二方面，主要针对的是高校教育工作，教育过程中离不开各种数据，因此数据化能够帮助教育者厘清相关记录、处理工作，帮助他们形成好习惯，同时也能够使高校在教学中的条理性更加清晰，另外，还能够帮助高校在此基础下进行选择，也给高校的创新、管理方式提供了合理的建议和参考依据。

第三方面，主要针对的就是高校发展，在管理上能够使数据更加精细化，对于分解教学目标很有帮助，让高校发展计划能够实施在每个阶段。要保证数据的准确真实性，得出的结果就会具有很强的说服力，因此才能帮助决策者进行选择和判断，帮助决策者制定发展计划，将教育流程进行改善，从而制定出来标准，帮助教育结构的完善，使高校能够更加顺利地进行改革。

三、大数据时代开放性机制、评价机制及保障机制

（一）开放性机制

现如今，人们生活的时代是互联网信息频繁交流的时代，换言之，信息的交流更加快速、更加广泛，任何事物的繁荣发展都需要理论知识作为基础。因此，大数据运算以及互联网的快速发展，将成为教育领域的内在动力。例如，在信息的宣传方面，就已经为教育的信息宣传提供了有效的帮助，这样的成果是此前的方法根本无法达到的。而且在将来的教育领域中，智能发展一定会取代传统的教育模式，学生能够根据兴趣爱好进行知识的自由选取，没有任何的年龄或者性别区分。

目前，国内的每所学校信息化建设都已经有了显著的效果，并且相继地设立了和人力、物力以及财力相关的业务部门。然而因为国家的历史背景以及教育领域的个性化，最后造成很多业务体系的完成分期实现或者是在不同的情境下完成的，而语言的开发以及操作系统的创设都是具有显著差异性的，所以，大部分的信息都是缺乏条理性的、重复的或者是独立存在的。这种现象几乎在每所学校都有发生过。然而现如今社会的发展速度越来越快，相应地增强了业务实施对信息

的依赖性。业务体系以及信息的需要也在逐渐提高，信息交流与分享需要，同样也在不断增加，每个体系之间的联系想要实现信息的交流，就必须依靠表格的形式进行转换，这种方式的弊端是操作麻烦同时经常出现漏洞，使其准确度受到影响。因此，一定要将全部的信息进行有效的整合利用并且明确信息所属的范围，不仅要结合业务的改变还要结合将来的信息发展形势，掌握学校将来的必经之路以及创建信息化的优势等，只有这样才能够实现信息的交流和分享，才能真正做好有效的资源整合。此外，要确定信息库各个连接点的中心，每个业务体系的实施都需要以信息库为核心展开，从信息的收集一直到信息库的创建每个环节都要有所提高，信息库的中心连接点像树杈一样被分散到每个业务部门以及共享信息库中方便人们使用。因此，信息的收集对于设立智慧校园这个项目发挥着至关重要的功能，同时这个组成成分是信息进行交流和传递的主干。信息的收集服务平台实现了信息的交流与共享，根据业务体系的要求把信息传达到每个分支业务体系中，进而完成业务的整体和全面管理。

共享信息库不仅是学校信息资源整合的部门，还是信息服务体系的运行部门，其所包含的基本项目有：①教育部门以及其他行业部门的标准模式；②大众认可的标准模式以及符合教学任务实施的标准模式；③包括教师和学生以及教务工作、团队模式等所有的信息模式。

以共享信息库、历史信息库以及数据信息库为前提，学校可以根据真实的业务要求发挥相对应的信息搜索、数据研究、决策协助等作用，进而为教学者和学习者提供全面的信息搜索服务。比如，个人隐私信息的搜索，为教务管理工作者提供对应部门的信息搜索服务，为上级领导者提供决策方面上的支持，进而能使学校的不同用户对自身的实际情况形成大致的客观认知，并全方面了解学校的实际状况。

（二）评价机制

依据特定的评估准则，同时系统搜集信息与资料，并根据学校教育工作者的教学方式、教学水准及成效、学生的基础状况和道德行为做出评估，即大学生道德教育评价体系。只有借助评价机制才能够衡量学校甚至社会的道德发展水准，同时实现学校教学方法的改善以及道德教育方向的调节，从而培养出道德品质高尚的学生。因此，可以将教育评价机制当作全部教育活动的一个重要环节，同时对学及教都能发挥引导性的影响。

1．评价机制的要求

当前，由于许多的教育数据都被各个高校积攒，教育数据的优势作用无法得到充分的施展，数据的多样性与海量性造成其作用并没有在教育决策以及评价中发挥出来。大学生的道德教育评价要求使用各种评价目标，很多评价的主体在教育的整个过程中，可以给出全方位以及整体性的评价，这与大数据时代下的德育教育相符合。学生的学习情况、研究情况以及教师的教育情况等各个方面，都是评价牵涉的内容，只有经过数据挖掘与积累，从中提取有用的信息，同时分析使学生和教师正常施展德育行为受到影响的原因，才能提升教育成效，并有利于教育计划方案的有效提出。由于现今数据的整体运用方面中的教育评价体制都非常简单，因而无法对内部与外部的数据进行整合一致的剖析。另外，一致的模式无法产生教育数据的有效抽取。因此，重大的劣势是数据的多位剖析与目前阶段的教育评价技术。由于有效地将多余的数据进行清除可以有利于数据仓库的形成，所以必须把多余和无用的数据都去除，从而让有用的数据保留下来，只有经过此种技术，才能使有限的数据被数据仓库加以解决。

由于从各自的视角进行数据分析是因不一样的主体所期望的，故伴随着教育评价的主体越来越多元化，就目前来说，效率非常低的是教育评价技术，因而数据的分析能从多维度以及多角度实行数据的分析及查找，并经过数据挖掘技术的处理，从而可以准时展示出来的是所需要的信息。另外，联机分析处理工具是数据仓库提供的，同时可以实现数据可视化以及完成多种分析处理功能，因而提供给评价人员的教育评价成果很直接，此处要研究的数据是评价人员自发地挑选出来的，数据的分析在分析成果以及各种分析角度上都有所体现。

2．评价机制的主要内容

大数据决策协助体系，指的是以信息库为前提条件的，根据相关的应用技术的成长而发展的体系，新创建的支持体系能够处理之前的体系不能够解决的困难。这种大数据决策体系偶尔能够进行整体的全面决策，先设计出一套处理计划，这套处理计划同样是选取了信息研究和联机研究等相关的技能手段。这两种技能可以借助多方面的多个角度，对信息进行探索和研究，再将信息进行理论化，并采取建模的方式，进而将其功能和价值全部体现出来。此外，信息库能够为联机的信息研究提供信息的安全保护，同时为决策的设计提供专业方面的支持。由于两者之间本质上的交流，使得信息的研究和讨论得心应手，因而可以为决策的设计提供有效的技能方面的支持。信息库主要是以信息的下载和提炼为中心，联机工作的解决过程中，信息库中客观有效的信息能够给予用户信息支持，加强了决策的快捷性，然而，这些具备客观性和准确性的信息也是信息库创建的必要条件。信息库可以针对所需信息随时进行信息交换和分享，再创建一个全新的信息库，信息的联机研究通常是应用于多角度、多方面的研究，从信息库中提取需求的信息，经过多角度、多形式的研究，尽可能较快地提炼出有价值的信息，为用户在研究信息的过程中，提供偏个性化的分析和讨论形式。

在大数据背景下，大学生道德品质的培养以及结果评估制度的发展，既体现在其评估的方式上，还体现在学生的性格特点的变化以及对通信化设备的使用以及学生的道德品质的培养方式上。和学生品质相关的信息在互联网信息资源中极为常见，由于大数据运算方法的应用促进了个性化道德品质的评估。以这种合理的、真实的评估为前提，再结合学生的性格爱好，能够对其道德品质的外在表现以及内在的素养进行判断，教师能够更加理解并掌握学生的思维方式，从而修改其培养任务。

通过对大数据的研究和讨论之后所形成的学生的个性化道德品质的评估进行分类，根据大学生对道德理论的掌握情况，也就是说，学生最后成绩的考核，道德理论体系的构建以及对于道德理论所采取的看法等进行评估。还有大学生对道德含义的理解状况，也就是说，针对学生对道德含义的掌握以及道德含义在实际情况中的应用等进行评估，要求学生经常自我反思，更加透彻深入地理解道德含义这个实质性的问题，学生就会渐渐地将理论转化为实践这个过程加以内化。

学生对于掌握的关于道德理论的实际应用能否实现，也就是对学生的理论转化为实践的应用能力进行全面性的评估，分为处理困难的能力以及分散性思维的能力。根据学生在困境下处理问题的能力，评估学生处理困难的能力。首先，对大学生理论知识的掌握能力进行评估时，评估的标准是智力和记忆力；其次，关于大学生能否突破现有的学习能力，可以从其学习的内在动力以及坚持和韧性等方面进行评估，以此评估为前提，帮助学生获得学习方法并确定自我的发展方向。

3．评价机制功能

这种评价机制能够很好地在大学教育中起到决策性。通过采用大数据技术，来将学生的一些基本信息进行统计分析，然后再利用评价机制从中发现教育工作中的缺点和出现的问题，帮助指导教育者在今后工作中改进，同时也是帮助教育者再做出决定时能够有一个很科学的依据作为参考。

这种评价机制具有鉴定功能，并且还可以鉴定大学生道德行为。通过使用大数据技术手段来对收集到的信息进行处理，然后再利用教育反馈，这样就能够帮助教育者更加全面地了解学生，从而可以根据学生的表现来进行行为、认知水平以及道德行为等方面的鉴定，最终目的就是为了把大学生引导到正确的道路上。

这种评价机制还可以帮助教学进行改革和指导。进行教育改革时可以利用评价指标以及分析结果来得出，然后再针对权重比去分析，因此在教育改革时能够进行指导。

评估一个学生道德水平主要是根据教育评价来进行衡量的，因此也是在这一结果的参考下促进了大学生道德发展。在进行道德评价的时候，评价人不但要求必须公正，还要认真仔细，然后利用评价结果来对大学生出现的问题进行分析整理，并且要不停进行改正，将原来的教育方式进行完善，从而使学生的水平得以上升，通过对学生道德水平的评价，来使学生了解自己的缺点并进行改正，帮助他们指明发展方向。但是，这种评价机制同时也面临着各种难题和挑战。

首先，因为进行评价时考虑了综合因素，评价本身就有着很难以理解的内容，在大数据的条件下还能否根据这些因素实施评价是数据分析的一大挑战。

其次，因为数据内容非常复杂。所以，站在客观角度，可以说明学生成长阶段会发生很多情况，都会对他们造成影响，那么如何才能把发生的事件整理清晰也是数据分析的一大挑战。

再次，因为时间周期性比较长，所以在进行道德教育时，如果想要将教育规律寻找出来也是很复杂的，并且也不可能完全去复制一些成功案例，因此也表示了这种评价机制存在不足之处。

最后，交互性。本质上来讲，道德教育的过程就是以交流为准，在这一阶段会在个人隐私以及内容上产生冲突，所以说这方面也是目前比较难以解决的。

（三）大数据时代的保障机制

未来，大数据必将从概念走向应用，从尝试走向普及，其价值也将得到逐渐认同。有着数据资源、人才资源优势的高校，应该建立大学生道德教育的保障机制，使大数据的分析和使用发挥出其独特的优势。

1. 与大数据背景融合的教育环境的保障机制

大数据运算给人们带来新的教育氛围和教育机制，学生可以通过新的教育方式培养道德理论和道德素养，同时学校的教育改革也可以通过新的教育方式来进行，并且增强了学生以及学校的前进力量。在将来的互联网生活中，事物之间的所有联系都能做到如个体与个体、个体和设备以及设备和设备等之间的联系。

国内大学校园里存在着大量的信息资源，从学生的方面进行研究和讨论，这些信息资源分别含有学生的基本信息、是否住校、生活用品以及饮食的花费情况，还有休闲娱乐情况等，从教师的方面进行分析，这些信息资源分别含有教学资料、教学目标、论文的获奖情况以及职称的评选情况等，从教务的角度进行分析，这些信息资源分别含有教师团队的组成、学校的硬件设施以及招生简章等。

互联网的飞速发展以及电子设备的普及化使得学校的全体职工和学生能够从更多的渠道了解自身需求的信息，比如，搜索信息或者交流信息等。现在国家大部分重点高校已经展开了大数据收集和研究信息的任务。

现如今，各个高校信息化的发展速度越来越快，新增的一些业务以及服务体系的更新，导致了收集到的信息无法得到处理的现象。因此，要对教育体系进行改革，使其能够与大数据相对应，进而在大数据的背景下，学校的运行将会越来越完善。确保信息的准确度，在全校实施公认的编码程序，预防以及消除即将发生的危机和已经存在危机。关于业务环节的进行，将学生的校园生活和学习情况给予创建和关注分析，进而能够将其他的信息联系起来，创造一条信息完整、逻辑清晰的信息链，从学校的资源角度进行分析，通过理论研究改进并完善资源的管理体系，再将具有区别的资源类型进行有条理地整合和应用，方便归纳和管理。

每所高校都应该重视信息的多样性以及多变性，进而总结出其中的规律和联系。因为早期的业务与服务体系通常只关注时间较短的以及有效的信息提供，但是，这在信息的联系角度下却并不明显，在相同环境下所收集到的信息通常都能非常准确地折射出在一定的背景下学生成长过程中突发的情况，根据此信息的研究和讨论找出问题的症结所在，同时设计出相应的应对措施，进而更新服务体系并增加新的业务。在对大数据信息进行研究的同时，还应该关注教育领域的进展情况，通常情况下，第一层级的信息研究大学能够处理总的问题的四分之一，然而，最根源、最本质的问题应该是对信息深入分析和探索之后才能对信息加以处理。所以，从事数据信息处理的工作者，一定要同时兼备专业性和技能性。

每个高校都应该将信息的研究和探索作为重点工作内容，从信息中总结并归纳出对学校未来成长有价值的信息，进而促进自身做出最后的抉择。大数据的创建和高校的信息化发展是紧密相连的，而且，信息化发展是高校将来在互联网环境下成长的前提。同样，互联网的发展也会增强教育领域的发展，高校将来的快速成长需要大数据的帮助。

2．与大数据特征切合的教育制度的保障机制

(1) 顶层设计要增强。高校的数据化以及信息化制度的建立，存在于信息社会中，只是此项工程的建立是被要求多项业务实行系统结合于高校中，并且需求已经过全校资源的过滤。某一个单独的部门是不能完成的，在现代高校信息系统的建设工作中，必须在全校内调配多项资源。另外，实际的实行开始于学校的顶层，所以要求学校的所有系统主动配合、积极参加并实现大数据在教育系统内部的使用和分析，并且使其按顺序实现。一致的职责与职能体系是需要经过全校有用资源的综合建设，而信息系统的建立可以使其获得有力的推进，并且完成大数据的使用和处理工作。

高校在实行分析并使用大数据时、在设计系统时，都要关注建设目标，只有保证学校自身的管理工作和教学正常且不受影响，这样才能在大数据时代的教育创新方针的要求下完成任务，整个学校的管理以及教学的多项工作都在此过程中被涉及，然而系统的设计必须完善，因此要非常注重思想建设。由于全部的数据都是有效的，这有利于早期阶段信息化工作人员在高校的基础认知，而且当初没有准确的路线使用这些数据。因此，需要有前期的设计以及筹划与大数据计划的分析和管理使用说明。因而系统信息的计划建立的过程必须增强系统性的建设，从而肯定数据的要求并长久保留特定种类的数据，同时年限能够简短的数据、要求实行进一步分析的要点数据以及质量一定要有保障的数据，这就是目前在高校中伴随着大数据时代的到来的三种主要数据。高校信息系统的建立的过程中，主要的是长远计划的数据。另外，在大数据时代推动数据沟通，在数据的标准、积聚以及管理等方面，成立系统的网络体制，需要很好的数据管理制度。

数据的价值必须在数据的宣传下得以展现，另外，让数据运用者在注意到数据时必须使数据具备价值，因而这就需要运用数据的人主动保护数据，从而让数据的真实有效性得到保障。高校层次不同的用户在定做数据分析时，要求信息化部门分层级设置。因而在保证信息化良性循环的施展过程中，必须设立数据管理和运行制度的科学体系。

(2) 明确信息交流和分享的规范。经过长时间的发展，很多不同的机构以及机构的不同部门之间，都是各自独立发展的，没有相互之间的交流，最终使信息的交流被阻断，成为一个孤立的数据库。例如，和学生相关的品质方面的培养、思想文化方面的培养、勤工俭学、身心成长等方面，由于没有完善的、一致认可的规范，外加选取的管理程序存在差异，导致最后呈现的信息类别也具有差异性，使得可以进行分享的信息还需要再一次的输入程序中，教学工作和具体内容、教学的测评以及管理制度和规定等，没有实现合理有效的资源整合，最严重的结果就是导致教学任务的完成度下降以及效率得不到提升，消耗了大量的时间成本。

需要这些信息资源的机构以及教师就无法立刻了解这些资源，进而就无法有效地强化教育的发展。所以，一些教育机构创建了能够进行信息交流和分享的管理机制，创建这个机制主要的核心就是由国家进行统治的两大业务数据体系，一个是国家级的，另一个是省级的，能够促进数据体系中的最新消息，实现每时每刻都能更新。再创建一个信息安全中心以及每个省级的、每个市级的教育机构设立审核中心，保证信息的真实性。教育的管理中心以及所创建的普通体系和中心体系都要与国家级的管理中心的信息同步更新。

(3) 决策体系的创建。在大数据的背景下，大量的信息都是经过管理中心进行管理和运营，这个体系创建的目的就是加强工作的完成速度和质量。尽管这个体系的创建与信息的研究无关，但是，几乎全部的业务流程痕迹都被下载下来组成数据库，方便人们查询自己需要的信息。因此，运营体系通常都选取信息之间是有连接关系的大量信息进行下载，主要就是方便信息的搜索，这个体系是通过转换报表的方式进行信息交流与共享的。然而，在大数据背景下，决策的设立通常是以信息库为前提的，信息的研究和讨论能够推动决策的实施，部分业务体系都是存在于智能体系范围之内的，用途是提供有效的信息。在决策研究的过程中，不可或缺的环节就是信息交流与共享、信息的收集与提炼等。决策研究的前提通常是信息库，在对信息库中的信息进行研究时，需要创建中心架构，创建多样化的信息管理中心。在大数据背景下，信息的提取来自不同的数据中心，应用相同的含义和格式对信息进行交换，并将其输入到信息库中。事实上，信息库是所有信息汇集的地方，具有全面性和多样性，在信息库中，所有的信息都可以结合起来，加强了信息的有效性和价值性。信息之间的交流指的是加深对信息的理解，技术工作者在系统的操作端，创建了不同信息类型的信息，客户在客户端的实施过程中，可以随时进行信息的转换，进而能够从有区别的角度对信息进行研究，提取有价值的信息。信息的收集和提炼指的是信息的研究和分析，将不明显的信息联系以及隐藏的规律性提取出来，在对信息的研究和讨论的基础上再进行预估，总之就是将复杂而且需要深入研究的信息，通过一系列的加工和改进传达给用户，使信息搜索和危机处理能够成为每个人都必备的信息提取库。

信息安全中心的设立。通常情况下，客观存在的事物都具有相反的性质，大数据信息运算也是如此，不仅可以发挥功能也存在着各种弊端。因此，在已经设立好的信息安全管理中心，可以设计好相对应的信息安全规范，加强其预防危机的作用。关于个人的基本信息，第一，工作者应该对大数据进行分析，从中提取有价值的信息。第二，教师应该对大数据进行研究，提取学生的有效信息。第三，通过对大数据的研究，教师能够预估学生的目的和外在表现等，当然关于个人的基本信息一定要加强保护。

在大数据背景下，教师选取研究和讨论大数据的方式，可以帮助学校领导者根据所提取的有价值的信息做出判断。这样可以保证领导者做出的决定是合理的。然而，不要过于信任和依靠数据的分析，否则会起到相反的作用。在大数据背景下，无论是个体还是群体都期望所生活的时代是信息交流与共享的时代，但是，这样的数据时代也存在着危机，也就是说，信息是孤立的。从信息安全的角度进行分析，这个过程包括的环节有密码设置、信息下载、客户端的登录、信息的研究和讨论等，这些环节都需要专业的技术人员进行操作。现如今，信息的多样化以及多量化，导致人们对信息的安全更加重视，进而对客观的安全性也逐渐重视。在大数据背景下，相对于正常公民，违法者的隐私方便提取并且不需要加以保护，促进了人们对信息安全保护的重视程度。因此，信息的安全措施要从多角度加以改进并创新。

3. 大数据管理与运用的教育队伍保障机制

国家大部分高校关于信息化的创建已经获得了飞跃性的成长，尤其是专业人才的能力提高同样也是飞跃性的，同时，达到信息化标准的技术操作也有了显著的变化。在教育领域，无论是信息化的发展还是数字化的发展，都已经进入了成熟的状态。在大数据的基础上实现高校的信息化发展，在系统运行的过程中，出现的阻碍通常不是其专业方面的，一般都是缺少专业性的工作者，尤其是拥有高技术的工作者。所以，大多数的教育者特别是领导者都认识到了这个问题，开始在全国范围内甚至国际范围内搜寻或者招募在这方面有经验的专业人士，建设能够和大数据相匹配的信息化体系。体系创建的目的，主要是能够实现信息的交换和共享，并打破原有的管理团队的合作关系，重新创建团队，提高团队成员的工作效率。信息负责人所带领的团队成员，也是大数据背景下，学生品质教育体系中重要的组成成分。信息负责人的职位有多种称呼，这个职位的工作职责是解决信息技术方面遇到的问题以及相关工作人员之间的关系问题。

信息负责人带领的和大数据相关的团队的责任和义务有八个方面。

第一，对学校的信息统一进行规范，信息资源的创建要合理，这项规范一定要充分地将真实信息融入进去，分别涵盖了信息准确性规范以及信息的研究步骤，全面完整地管理学校的所有信息，并在其专业性和规范性都达标的前提下开展工作。

第二，管理学校所有信息资源的专业团队以及服务团队，一定要研究和制定出学习者与教育者都非常认可的计划方案等。

第三，要创建一个既能够参与信息系统的设计和运营，还能够参与系统的判断这样的专业团队，这样的团队建设主要是为管理者或者领导者的判断和决定，提供专业方面的帮助，在大数据背景下，从其特点方面进行分析，为学校将来的成长情况提出宝贵的意见，学校做出的所有决定都要顺应时代的发展并满足社会的需求，这样可以实现学校的信息化发展。

第四，对于科学研究的数据体系、对于决定的数据体系以及教学管理数据体系和后台管理数据体系，可以将这些分散的数据体系有效地进行加工和改进，将其整合为全面完整的数据体系。

第五，调节好信息体系部门与其他信息部门工作之间的互动以及信息的交流和分享等。

第六，创建学校资源共享的框架与信息库，实现学校互联网信息的便捷分享，同时为所有的职工和学生提供信息搜索服务。

第七，设计学校信息交流与分享的规范与制度，进而保护信息不被非法泄露，并加强个人的隐私保护。

第八，实现对信息交流以及数据库体系应用的合理化管理。

参 考 文 献

一、著作类

1. [法]卢梭著；李平沤译. 爱弥儿[M]. 北京：商务印书馆，1978.

2. 姜金林. 新时期大学生思想道德研究概论[M]. 北京：中国水利水电出版社，2014.

3. 倪愫襄. 伦理学导论[M]. 武汉：武汉大学出版社，2002.

4. 孙喜亭. 教育原理[M]. 北京：北京师范大学出版社，1993.

5. 万俊人. 现代性的伦理话语[M]. 哈尔滨：黑龙江人民出版社，2002.

6. 王海明. 新伦理学[M]. 北京：商务印书馆，2001.

7. 王婧. 大数据时代大学生道德教育研究[M]. 北京：现代教育出版社，2016.

8. 荀况. 荀子[M]. 北京：中国纺织出版社，2007.

9. 张伯行. 续近思录[M]. 北京：中华书局，1985.

10. 张再兴. 网络思想政治教育研究[M]. 北京：经济科学出版社，2009.

11. 赵祥麟，王承绪. 杜威教育论著述[M]. 上海：华东师范大学出版社，1981.

12. 中共中央文献研究室. 邓小平文选：第3卷[M]. 北京：人民出版社，1993.

二、期刊类

1. 陈林：《高校思想政治教育生态系统研究》. 锦州：渤海大学，2018年，第35-40页。

2. 程路.《构建和谐互动的大学生道德教育机制》. 教育与职业，2006年第24期，第26-27页。

3. 戴建宏.《论大学生心理教育中的情感因素》. 云南财经大学学报，2004年第s1期，第406-408页。

4. 高皓伟.《大学生生态道德教育研究》. 临汾：山西师范大学，2017年，第20-26页。

5. 顾小清，薛耀锋，孙妍妍.《大数据时代的教育决策研究：数据的力量与模拟的优势》. 中国电化教育，2016 年第 1 期，第 56-62 页。

6. 韩继锋，王斌.《大学生道德教育重在以人文关怀为主导》. 人民论坛，2018 年，第 12-20 页。

7. 何蓓蓓，李岩.《大数据时代大学生思想政治教育工作创新探究》. 教育探索，2015 年第 8 期，第 108-110 页。

8. 洪元琪.《加强新时期大学生心理教育的思考》. 理论月刊，2003 年第 7 期，第 120-122 页。

9. 胡弼成，王祖霖.《“大数据”对教育的作用、挑战及教育变革趋势——大数据时代教育变革的最新研究进展综述》. 现代大学教育，第 2015 第 4 期，第 98-104 页。

10. 李怀杰，夏虎.《大数据时代高校思想政治教育模式创新探究》. 思想教育研究，2015 年第 5 期，第 48-51 页。

11. 梁家峰，亓振华.《适应与创新：大数据时代的高校思想政治教育工作》. 思想教育研究，2013 年第 6 期，第 63-67 页。

12. 林洁.《高校加强社会主义核心价值观教育的有效性研究》. 思想理论教育导刊，2018 年第 5 期，第 90-93 页。

13. 林晓梅，陆永平.《网络文化与大学生道德教育》. 江苏高教，2000 年第 4 期，第 77-80 页。

14. 林昭雄.《谈谈大学生心理教育的内容及途径》. 思想教育研究，2000 年第 4 期，第 30-32 页。

15. 龙静云，张陆.《加强当代大学生孝德教育的探索》. 学校党建与思想教育：下，2018 年第 30-31 页。

16. 卢黎歌，吴欢.《基于大数据时代的大学生价值观教育》. 西安交通大学学报(社会科学版)，2016 年第 6 期，第 20-22 页。

17. 蒙秋明，李咏.《试析科学“三观”在大学生精神构建中的作用》. 学校党建与思想教育(高教版)，2006 年第 10 期，第 12-13 页。

18. 裴正轩.《大学生“三观”教育中的逻辑关系析论》. 当代世界与社会主

义，2008 年第 4 期，第 128-131 页。

19．彭颜红．《论当代大学生道德教育传播载体的创新》．思想理论教育导刊，2011 年第 2 期，第 92-95 页。

20．尚晖．《论中国传统文化在大学生德育教育中的作用》．教育与职业，2008 年第 18 期，第 94-96 页。

21．邵斌．《大学生道德教育的困境与对策》．人民论坛，2018 年第 12 期，第 23-25 页。

22．童长英．《大学生网络道德教育现状及其对策研究》．武汉：华中师范大学，2011 年第 12-26 页。

23．王全福．《大学生道德教育的辩证思考》．教育理论与实践，2004 年第 16 期，第 51-52 页。

24．王绍文．《论大数据时代大学生的自主学习》．中国成人教育，2017 年第 2 期，第 10-14 页。

25．王向妹．《高校生态道德教育研究》．石家庄：河北师范大学，2018 年第 26-40 页。

26．吴惟义．《试论大学生的“三观”教育》．思想教育研究，1998 年第 5 期，第 29-31 页。

27．《习近平论社会主义核心价值观——十八大以来重要论述选编》．党建，2014 年第 4 期，第 6-8 页。

28．余玉花．《简析新形势下大学生道德教育新问题》．思想教育研究，2010 年第 6 期，第 41-44 页。

29．张建荣．《市场经济条件下大学生道德教育的困境与反思》．思想教育研究，2011 年第 1 期，第 64-67 页。

30．张励仁．《大学生“三观”教育系统建构探究》．学校党建与思想教育，2013 年第 26 期，第 18-19 页。

31．张明海，周艳红．《大数据时代大学生数据素养教育的目标定位及体系构建》．图书馆，2016 年第 10 期，第 22-23 页。

32．张锐，董志，夏鑫．《大数据时代高校思想政治教育工作创新探索》．学校党建与思想教育(普教版)，2014 年第 5 期，第 30 页。
33．张文学，陈君．《大学生道德教育有效性研究》．中国青年研究，2008 年第 6 期，第 87–90 页。
34．张志坚，倪健梅．《大学生道德教育亟待加强》．教育与职业，2003 年第 3 期，第 40–41 页。
35．赵国锋．《网络时代大学生德育教育》．学术论坛，2005 年第 9 期，第 35 页。
36．郑敏燕．《当前大学生心理教育的必要性及构想》．湖北社会科学，2011 年第 5 期，第 174–175 页。
37．周杨．《大学生思想道德与法治素养培育机制研究》．学校党建与思想教育：下，2018 年第 4 期，第 34–36 页。

图书在版编目（CIP）数据

大数据时代下大学生道德教育探索 / 陈言著. -- 天津 : 天津人民出版社, 2020.1
ISBN 978-7-201-15748-1

Ⅰ. ①大… Ⅱ. ①陈… Ⅲ. ①大学生—品德教育—研究—中国 Ⅳ. ①G641.6

中国版本图书馆 CIP 数据核字(2019)第 288488 号

大数据时代下大学生道德教育探索
DA SHUJU SHIDAI XIA DAXUESHENG DAODE JIAOYU TANSUO

出　　版　天津人民出版社
出 版 人　刘　庆
地　　址　天津市和平区西康路35号康岳大厦
邮政编码　300051
网　　址　http：//www.tjrmcbs.com
电子邮箱　reader@tjrmcbs.com

责任编辑　孙　瑛
封面设计　吴志宇

印　　刷　北京市兴怀印刷厂
经　　销　新华书店
开　　本　710毫米×1 000毫米　1/16
印　　张　12.25
字　　数　185千字
版次印次　2021年1月第1版　　2023年4月第2次印刷
定　　价　68.00元